基于创新教育理念的高校体育教学改革研究

屠丽琴 ◎著

中国书籍出版社

图书在版编目 (CIP) 数据

基于创新教育理念的高校体育教学改革研究 / 屠丽琴著 . -- 北京：中国书籍出版社，2024. 11. -- ISBN 978-7-5241-0143-7

Ⅰ . G807.4

中国国家版本馆 CIP 数据核字第 2024R7Z604 号

基于创新教育理念的高校体育教学改革研究

屠丽琴 著

丛书策划	谭　鹏　武　斌
责任编辑	毕　磊
责任印制	孙马飞　马　芝
封面设计	守正文化
出版发行	中国书籍出版社
地　　址	北京市丰台区三路居路 97 号（邮编：100073）
电　　话	（010）52257143（总编室）　（010）52257140（发行部）
电子邮箱	eo@chinabp.com.cn
经　　销	全国新华书店
印　　厂	三河市德贤弘印务有限公司
开　　本	710 毫米 × 1000 毫米　1/16
字　　数	202 千字
印　　张	12.75
版　　次	2025 年 5 月第 1 版
印　　次	2025 年 5 月第 1 次印刷
书　　号	ISBN 978-7-5241-0143-7
定　　价	95.00 元

版权所有　翻印必究

目 录

第一章　高校体育教学概论 ………………………………………… 1
　　第一节　高校体育教学的特点与功能 …………………………… 1
　　第二节　高校体育教学的目的与任务 …………………………… 13
　　第三节　高校体育教学的理念与原则 …………………………… 21
　　第四节　高校体育教学的科学理论基础 ………………………… 33

第二章　高校体育教学现状分析与改革优化 ……………………… 42
　　第一节　高校体育教学现状与问题分析 ………………………… 42
　　第二节　影响高校体育教学质量的主要因素 …………………… 49
　　第三节　高校体育教学的改革优化策略 ………………………… 56
　　第四节　高校体育教师业务能力的提升 ………………………… 58

第三章　体教融合理念下的高校体育教学改革研究 ……………… 64
　　第一节　体教融合的内涵与意义 ………………………………… 64
　　第二节　高校体育教学中体教融合互动的协同机理 …………… 70
　　第三节　体教融合理念下高校体育教学体系的重构 …………… 78
　　第四节　体教融合理念下体育教学模式的创新构建 …………… 81
　　第五节　体教融合理念下体育教学策略与创新发展 …………… 91

第四章　体育核心素养理念下的高校体育教学改革研究 ………… 96
　　第一节　核心素养与体育核心素养的内涵 ……………………… 96
　　第二节　体育核心素养引领下高校体育教学改革的思路 ……… 99
　　第三节　体育核心素养理念下高校体育教学的科学设计 ……… 104
　　第四节　高校大学生体育核心素养的培养 ……………………… 106
　　第五节　基于核心素养的高校体育教师专业发展 ……………… 108

第五章 课程思政理念下的高校体育教学改革研究 ……… 113
  第一节 课程思政与体育课程思政解读……………………… 113
  第二节 课程思政引领下高校体育课程改革的理论与方法… 120
  第三节 高校体育课程思政内容的选择与组织……………… 126
  第四节 高校体育教学的德育目标与德育方法渗透………… 134
  第五节 高校体育课程思政教学效果评价…………………… 139
  第六节 课程思政理念下高校体育课程思政建设路径……… 144

第六章 OBE 教育理念下的高校体育教学改革研究 ……… 152
  第一节 OBE 教育理念的提出及其理论基础 ……………… 152
  第二节 OBE 教育理念对高校体育教学改革的启示 ……… 154
  第三节 OBE 教育理念下高校智慧体育教学模式的构建 … 160
  第四节 OBE 教育理念下高校体育教学评价的革新 ……… 164
  第五节 基于 OBE 理念的"大体育"教学体系……………… 167

第七章 "互联网+教育"理念下的高校体育教学改革研究 …… 172
  第一节 "互联网+教育"的阐释 …………………………… 172
  第二节 "互联网+教育"理念下高校体育教学的
     反思与优化……………………………………………… 174
  第三节 高校体育网络教学平台的开发设计………………… 177
  第四节 高校体育网络课程教学的开展……………………… 184
  第五节 "互联网+教育"理念下高校体育教学
     评价的革新…………………………………………… 187

参考文献……………………………………………………………… 193

第一章　高校体育教学概论

高等教育领域内,高校体育教学占据着举足轻重的地位,它是培养学生全面发展不可或缺的一环。通过丰富多样的体育活动,高校体育教学致力于提升学生的身体素质,为学生打下坚实的健康基础。同时,这一教学过程也着重于培养学生的良好运动习惯,让学生在参与体育活动中享受乐趣,从而形成积极向上的生活方式。若深入探究高校体育教学的精髓,会发现其教学目标远不止于身体素质的提升和运动技能的培养。在培养学生强健体魄的同时,高校体育教学还注重提升学生终身体育意识、团队合作精神,以及促进其身心的和谐发展。

第一节　高校体育教学的特点与功能

一、高校体育教学的特点

无论是体育教育还是其他教学形式,其核心目的都在于向学生传授特定的知识或技能,且均建立在师生间的双向互动上。同时,它们都需要系统的规划与管理,包括设定教学目标、组织课程内容及监控教学过程。但在此基础上,体育教学还具有其自身的独特性,具体表现如下。

(一)教学内容的广泛性

体育运动项目的丰富多彩,决定了体育教学内容的广泛性。在高校,体育课程的内容不再局限于传统的田径、球类、体操等项目,而是像万花筒一样,展现出了五彩斑斓的面貌。

武术、舞蹈、户外运动这些充满魅力的项目,让学生有机会接触到更多元化的体育形式,体验不同运动带来的乐趣与挑战。而体育理论、运动生理学、运动心理学等课程的开设,则为学生搭建了从理论到实践的桥梁,让他们能够更深入地理解体育、热爱体育。这种广泛的教学内容,不仅丰富了学生的知识体系,更拓宽了他们的视野,为未来的生活与职业发展打下坚实的基础。

(二)教学环境的开放性

体育教学作为教育体系中的一个独特环节,其特点还体现在教学环境的开放性。体育教学并不像其他学科那样,主要在封闭的教室里进行,相反,体育教学会利用广阔的物理空间来锻炼学生的体魄,发展学生的运动潜能。在我国的高校里,体育教学活动大多以体育实践课的形式展现。各种各样的体育活动通常在户外进行,这样的教学环境富有变化性和开放性,既为体育教学带来了更多的可能性,也给它带来了不小的挑战,如教学安全问题、教学组织管理问题、教学设施支持问题。

首先,由于体育教学环境的开放性,最先凸显的就是教学安全问题。毕竟,在户外教学难免会受到天气、海拔、设施、噪声等多种因素的干扰。以天气为例,天气突然变化需要体育教师迅速做出反应,调整教学计划,以确保学生的安全。同样,海拔高度也是影响体育教学安全的重要因素。比如在高海拔地区,教师应注意对运动强度的把控,避免学生因剧烈运动而引起头痛、呼吸急促或过度疲劳等情况的发生。

其次,开放的体育教学环境,要求体育教师要精心设计、统筹安排教学的组织形式、步骤方法,确保教学活动的规范性和科学性。他们不能简单、随意地开展教学活动,而是要充分考虑各种因素,合理安排多种要素,确保教学活动的正常进行。在大多数教学时间内,学生都处于不断变化的运动过程中,如果班级人数较多,教师就需要根据实际的教学情况和教学需要,采取分组教学等灵活的教学方式。

最后,体育教学还需要依赖一系列专业的器材设施、场地场馆来支撑,以确保教学活动的有效进行。在某些高校,由于历史原因或者资金限制等原因,体育基础设施的条件可能相对较差。这时候,体育教师就需要更加重视学生的安全教育问题,确保学生在教学过程中的人身安全。教师可以通过在课前对器材设施进行检查和维护,讲解安全知识、演示安全动作等方式来提高学生的安全意识;通过评估活动场地的大小,对学生的运动状态进行实时监控和反馈,等等,以确保体育教学活动的顺利进行。

（三）教学过程的直观性

体育教育过程显著体现了直观与形象的特点,这一特性在讲解、演示及教学组织三个方面尤为明显。

在讲解环节,体育教师采用生动、画面感强的语言,艺术化地解析体育知识,将复杂技巧转化为易于想象的图像,简化内容传达,从而深化学生对教学内容的理解与记忆。

演示环节同样具有直观形象的特点。体育教师可能亲自示范,或邀请技术优秀的学生演示,同时结合教具、人体模型、动作图解等辅助工具,直接展示正确动作。这些未经艺术修饰的展示,使学生能够直观判断动作,迅速构建运动概念,形成运动表象的同时,也提升了他们的观察力与形象思维能力。

在教学组织方面,体育教师与学生紧密互动,其言行举止具有强烈且直接的示范效应,潜移默化地影响学生的行为模式与运动习惯。学生课堂表现真实反映体育活动状态,教师应敏锐观察并捕捉这些信号,以准确及时地给出学习反馈,以灵活调整教学内容与计划,确保教学高效进行。

（四）技能学练的重复性

不同于传统的体育教学观念,现代体育教学着重于促进学生的身心健康,加强其社会适应能力,并帮助学生掌握必要的运动技能。但要达到这些目标,就必须对运动技能学习中的重复练习给予足够重视。

运动能力的构建是一个循序渐进、遵循固有步骤的进程,可划分为四个主要阶段：初步分解动作的学习、动作连贯性的初步把握、独立完成连贯动作,以及连贯动作的精通。学生唯有经过长期不懈的反复练习,方能真正驾驭一项运动技能。无论是篮球、足球里错综复杂的战术动作,还是体操中的翻滚技巧、田径项目中的跑步要领,学生都必须经历持续的学习与训练过程,这是一个由陌生到熟悉、由简单到复杂的逐步演进的过程。在此期间,教师应当严格遵循逐步递进的教学方针,引领学生一步步打下运动技能的基础,科学规划练习的内容、时长及方式,借助重复性训练,助力学生提升运动技能。

（五）身心练习的统一性

身体健康与心理健康之间存在着千丝万缕的紧密联系，它们能够相互促进，协同发展。因此，体育教学在这一背景下被赋予了新的使命——它不仅要关注学生的身体锻炼，更要注重其身心的共同修养，强调身心练习的和谐统一。

体育对于人的塑造，其深远影响远远超出了形态结构与生理机能的简单统一。它更像是一座桥梁，连接着身体与心灵，使两者在体育锻炼的过程中达到一种微妙的平衡与和谐。在体育教学中，促进学生身体形态的优化与生理机能的提升固然重要，但同样不可忽视的是，它还需要在这一过程中强化学生的心理素质，帮助他们建立起坚韧不拔的意志品质，以及良好的情绪管理能力。同时，体育教学还致力于发展学生的社会适应能力，使他们在面对复杂多变的社会环境时，能够从容应对，且始终保持积极乐观的心态。

与智育教学相比，体育教学情境充满了活力与激情，为学生提供了一个展示自我、挑战自我的舞台。在这样的环境中，学生的心理适应能力得到了充分的锻炼与提升，他们学会如何在压力与挑战面前保持冷静与理智，如何在团队合作中发挥自己的优势，共同克服困难。因此，体育教学为学生的身心发展提供了一个不可多得的良好环境。

（六）教学活动的自主性

高校体育教学具有较高的自主性特点。这是因为，进入高校后，学生通常拥有了更高的自主性和自我管理能力，这种自主性在体育教学活动中也得到充分的体现。高校体育教学鼓励学生自主选择体育活动，参与体育俱乐部、校队训练、体育竞赛等，以满足个性化需求。

在高校的校园里，你可以看到各种各样的体育社团和俱乐部，无论是篮球俱乐部里的激烈对抗，还是瑜伽社团里的宁静修炼，学生都能在这里找到属于自己的那份热爱和坚持。这种自主性的体育活动选择，不仅激发了学生的运动热情，也培养了他们的自我管理能力和团队协作能力。

（七）教学资源的丰富性

高校通常拥有较为完善的体育设施和资源，包括体育馆、运动场、塑胶跑道等。这些设施和资源为学生提供了良好的体育学习和锻炼的条件。在这里,学生既可以充分挖掘运动潜能、展现体育天赋,也可以放松身心、享受运动的乐趣。

高校的体育设施和资源不仅满足了学生日常锻炼的需求,也为他们提供了展示自我、提升技能的平台。比如,完善的教学资源为高校举办各种体育赛事和活动创造了条件,为学生提供了交流和切磋的机会;同时,这些赛事和活动也促进了校园体育文化的繁荣和发展。

(八)教学条件的制约性

体育教学活动在实施时会受到教学条件的限制。这些限制一方面源自学生的运动背景、个人基础情况(例如年龄、性别、身心特点等),另一方源自体育教学所必需的场地、设施、器材等。这些因素对体育教学的质量具有明显的制约作用。

从学生个体的角度来看,男生与女生在身体形态、机能水平及运动技能方面存在差异。为了确保体育教学的有效实施并取得理想效果,教师必须充分关注学生的运动基础和个人体质差异,采取差异化教学策略。高校体育管理部门及教师在选择教材、组织教学时,应深入考虑这些个体差异,以优化教学效果。

从体育教学环境的角度来说,体育教学环境的质量对教学效果有着决定性的影响。例如,若体育活动场地受到严重空气污染或噪声干扰,将对学生的身心状态及运动情绪产生极大影响;而遇到雨雪、大风等恶劣天气,不仅会中断教学活动的正常进行,还可能对学生的安全构成威胁。因此,优化与管理体育教学环境,是提升教学质量、确保学生安全的重要环节。

(九)体育与健康教育、专业教育的结合

高校体育教学强调体育与健康教育的结合。通过体育活动,学生不仅能够锻炼身体、增强体质,还能学会如何保持身心健康、提高生活质量。这种结合不仅体现在课堂上的理论教学和实践活动,更贯穿于学生的日常生活中。高校通常会开设健康教育课程,向学生传授健康饮食、合理作息、心理调适等方面的知识。同时,体育活动也成为健康教育的重要载体。通过参与体育活动,学生能够亲身感受到运动带来的身心愉悦和健康益处,从而更加珍惜自己的身体、更加注重健康的生活方式。

高校体育教学还与体育专业教育有着密不可分的联系,比如一些学校会有自己的优势体育项目,培养相关项目的体育专业后备人才。为了贴合学生的专业特色,一些高等院校会特别设置与专业相关联的体育课程,此举不仅极大地丰富了体育教学的内涵,还为学生开辟了更为广泛的学习与成长路径。对于体育教育专业的学生,他们则会接触到更为专业的体育教学方法论课程。这些课程将为他们提供丰富的教学手段与策略,为日后投身教育事业奠定坚实的基础。

二、高校体育教学的功能

（一）体育功能

体育教学作为教育体系的关键一环,承载着独特的教育与培养使命,对个体发展具有深远影响。教师通过组织体能训练、专项技能教学,及集体竞赛,不仅增强了学生的体质,提升了他们的运动技能,还促进了学生的生理机能的全面发展。

1. 强身健体

在体育课堂上,学生不仅学习体育与健康知识,还掌握科学的锻炼方法,从而增强了自我保健能力。此外,体育教育还丰富了学生的文化生活,培养了健康有益的兴趣爱好,为学生营造了一个积极向上、健康和谐的学习与生活环境。体育教育的深远影响还延伸至日常生活。它潜移默化地塑造着学生的性格特质、生活方式及习惯。通过体育教育,学生得以掌握健康文明的生活方式,培养良好的生活习惯。

2. 养生保健

养生是贯穿人一生的重要课题。为了享受健康快乐的生活,实现长寿的目标,持续性的身体锻炼是不可缺少的。养生保健是指坚持进行运动量适中、运动强度不会过于剧烈的体育锻炼,以促进身体的各项机能都处于良好的状态。养生如同细水长流,需要慢慢来,一步一个脚印地前进,这就要求学生拥有足够的耐心与持久力。养生的效果,并非一朝一夕就能显现,而是需要经过长时间的练习和积累。因此,长期的养生健身锻炼,不仅对身体有着积极的锻炼作用,同时也对学生的心理素质

(尤其是持之以恒的优秀品质)起到了良好的锻炼效果。

3.终身体育意识培养

体育教学对于培养学生树立终身体育意识、养成良好运动习惯具有无可替代的作用。

通过体育教学,学生不仅能够学到运动技能,更重要的是能够亲身体会到体育对于身心健康的长远价值,从而在内心深处播下热爱运动的种子。这一过程为学生的全面发展铺设了坚实的基石,不仅促进了他们体质的增强,更为他们未来的生活质量和综合素养的提升奠定了牢固的基础。

(二)德育功能

体育教育中还包含思想品德教育,主要通过集体体育活动、体育竞赛、体育自主练习等方式来培养学生的思想品德、意志品质。

1.思想品德培育

体育活动在培养学生团结意识、提升协作能力以及培养集体主义精神方面,其效果尤为显著。在诸如小团体或班级这样的集体单位参与的体育竞赛中,学生往往会积极参与,与队友紧密配合,发展出互助友爱的精神风貌。他们与对手展开公平竞争,进行合理对抗,通过切磋交流共同进步,这一过程不仅锻炼了身体,锻炼了运动技能,更在无形中塑造了他们良好的道德品质,如诚信、尊重、公正等。

2.意志品质培养

学生在参与体育活动的过程中,会经历一定程度的身体疲劳积累,为了完成训练和比赛,这种疲劳累积是不可避免的,但是这一过程也提升了学生的意志品质。同时,受多种外部因素的影响,学生有时还可能遭遇意外伤害。面对这些挑战,如果没有坚强的意志力作为支撑,学生往往难以持续参与下去。总之,体育教育是一种锻炼并培养学生意志品质的有效途径。

学生习得体育技能、增强身体素质、创造竞技成绩,均须持之以恒地参与体育运动训练,这需要学生凭借个人的决心与坚韧,保持良好的心态,不断跨越重重难关。尤其是对于体育专业的学生来说,入门或许轻松,但欲精通某项运动技能,乃至达到炉火纯青之境,则要历经长年累月的刻苦训练。造就一名杰出运动员,往往需要十几年乃至数十年的光阴,训练途中的压力与磨难是常人无法想象的,若无出色的意志品质,难以支撑至此。故而,运动员相较于普通人,往往展现出更为坚韧的意志。因此,体育教学是意志磨砺之旅,它考验并培育着学生的勇敢、决断与坚韧不拔等意志品质。

3. 增强自律

体育还有助于培育学生自律的品质,体育教学中教师应重视体育教育这方面的功能的充分发挥。体育教学中,身体练习是重要的教学基础内容,通过策划并实施多元化的体育实践活动,引导学生积极参与,能够有效锻炼他们的意志力,激发他们的积极向上心态,增强学生的自我约束能力。

(三)美育功能

社会环境的变化与时代的发展共同作用于人们的审美观念,而个人的思想意识、基础美学认知以及个人审美准则构成了影响个体审美观的核心要素。人们对美的评判标准并非一成不变,而是随着社会进步而不断演变和深化,例如,不同历史时期人们对"健康美"和"人格美"等概念的理解便有所不同。

体育教育在培养学生审美能力方面发挥着重要作用,它有助于学生形成客观且全面的美学评价体系,进而能够准确地评估自己及他人的身体状况、运动技能以及道德品质。当学生具备了一定的审美能力后,他们更容易在体育活动中发掘美、欣赏美并创造美,从而享受运动之美带来的愉悦。

(四)个性培育功能

1. 展现个性

体育运动丰富多彩,体育教育教学内容多样,这为学生搭建了一个充分展现自我风采的宽广平台,对于促进学生个性的成长与展现具有显著作用。

举例来说,那些充满对抗性的运动项目,如篮球、足球等,能够磨炼学生的勇气、敏锐度、决断力以及勇于拼搏的精神；而耐力型项目,比如长跑、游泳等,则能够塑造学生沉稳、冷静、善于思考以及坚韧不拔的个性。学生可以根据自身的特质与喜好,挑选最适合自己的运动项目,实现个性与运动项目的完美契合。比如,那些活泼好动、身手敏捷的人,可能会更偏爱球类等对抗性强的项目；而性格内向、喜欢独处的人,则可能更适合长跑、射击等需要耐力或个人竞技的项目。体育教育的涵盖面极为广泛,每个人都能在其中找到与自己个性相匹配的运动方式,并通过参与这些运动,进一步凸显自己的独特个性。

2. 完善人格

人格是支撑个体综合素质全面发展的心理基石,对于学生的健康成长起着至关重要的作用。体育教学有助于促进学生人格的完善,包括促进学生形成和谐的气质、豁达的心胸、良好的适应力等。

以民族传统体育教学为例,通过健身养生类运动项目的教学,教师可以向学生传授古人的养生智慧,将传统哲学思想融入练习之中,引导学生去关注自然、自我以及他人,从而培养出一种豁达宽广的心态。

再以球类对抗运动教学为例,通过鼓励那些胆小自卑的学生参与具有挑战性的运动,可以有效增强他们的勇气；而组织内向羞涩的学生参与集体对抗项目和游戏,则能够提升他们的表达能力和社交技巧。通过参与这些体育运动,学生可以丰富自己的情感体验,提高对外界环境的适应能力,有效培养学生的独立意识和坚定信念,进而使人格更加完善。

（五）完善心理功能

1. 愉悦心情

运动能够带来欢乐。从运动实践的角度来看,运动能够促使人体生理状态发生转变,进而触发运动者心理上的变化。

在参与运动的过程中,运动者的身体会出现一系列显著的变化,如血氧供应的增加、能量的消耗、物质代谢的加速以及激素分泌的调节等。这些生理变化能够引发心理上的愉悦感受。以内分泌系统的变化为例,运动时,大脑会分泌一种叫做内啡肽的物质,人体内的内啡肽含量与心情有着密切的关系。因此,参与运动能够让人感受到愉悦。

在现代体育教学中，教学内容丰富多彩，运动项目种类繁多，运动形式也多种多样。在这些多样化的体育教学内容中，总有一些是学生特别喜爱的运动项目。通过参与这些体育运动进行健身和训练，学生能够享受到运动带来的快乐。

2. 疏导情绪

情绪是机体在遭遇刺激时产生的身心反应，涵盖喜、怒、哀、乐等多种感受。生理与情绪的变化相互影响，生理变化可触发情绪波动，而情绪亦能影响生理活动，如血压、呼吸、胃肠运动和瞳孔大小的变化均与情绪紧密相关。

体育教学中，教师根据学生的身心特点设计体能训练和运动游戏。学生参与这些多样化的体育活动，有助于释放日常学习与生活中积累的消极情绪，如焦虑、烦恼、抑郁和自卑等，从而改善心境，促进其健康成长与学习。

3. 丰富情感

在体育教育的过程中，多样化的运动项目及学生在其中所担任的不同职责（例如运动员、教练、观众、裁判、活动策划者等）为学生带来了多样的情感体验。这些体验不仅丰富了学生的情感层次，还提升了他们管理情感的能力。

以体育竞赛为例，学生的情感波动可以从三个维度来探讨。首先，积极的情感体验，如出色的进攻、稳固的防守、与队友间的默契配合等，都能引发参与者的喜悦和成就感。其次，消极的情感体验，如因进攻、防守失误，或受到天气、观众等外部因素的干扰，可能导致学生感到挫败和焦虑，这些情绪进而可能影响其运动表现，削弱运动能力。最后，情感的波动变化。在体育竞赛中，胜负难以预料，攻守频繁转换，学生的情感也随之起伏。他们可能迅速从消极转为积极，或在同一种情感中体验到不同的层次，如侥幸得分后的庆幸与通过努力防守反攻后的喜悦交织在一起。

体育教学充满挑战性和趣味性，学生在参与过程中常常表现出极高的热情和兴奋度，并获得层次丰富的情感体验。

4. 调整心态

每个人都存在自身的局限,但这并不意味着他们逊色于其他人。在大学生群体中,有些学生可能会因为学业成绩或技能水平不如他人而感到自卑,进而变得不合群。然而,参与体育运动,特别是在比赛中的攻守转换和胜负交替,能够让学生领悟"胜不骄,败不馁"的哲理,从而保持一种健康而平和的心态。

在对抗类项目教学中,教师通过情景教学,可让学生体验不同情景下的运动心理。当面对实力强大的对手,或是面临一些不利的比赛条件(如烈日、逆风、裁判的误判、客场作战等),学生须学会将注意力更多地放在自己可以控制的因素上。面对这些不利条件,他们应当及时调整心态,积极应对挑战与困难。体育教师应精心设计教学活动,以激励学生发现并欣赏自己的优点,建立自信心,同时正视外部环境,学会心理调适。

因此,在体育教学的过程中,教师应通过有针对性的教学内容与组织形式,引导学生学会用欣赏的眼光看待自己,正视客观环境与条件,接受事物的现状和发展规律,并学会自我调节心理状态。

5. 提高抗挫能力

体育活动对于增强个人的逆境应对能力具有积极作用。有研究表明,在竞技体育赛事中,若两队水平相当,进攻方的成功率往往仅在30%至50%之间,而出色发挥的队伍可能突破50%的成功率。相比之下,防守方的成功率通常更高一些。然而,不论是进攻还是防守,遭遇失败都是常态。

在体育教学活动中,教师可通过组织对抗练习和游戏,让学生在反复经历挫折与失败的情境中,不断锻炼自己,培养出不屈不挠、屡败屡战的精神,以及持续提升自我、增强抵抗失败冲击的心理韧性。

(六)人文精神教育功能

人文精神,作为人类追求真善美、实现自身解放与自由的文化精髓,对于体育的发展起着至关重要的作用,它是体育进步的思想基石、精神灵魂和持久动力。体育之所以能持续蓬勃发展并深刻影响社会,其根源在于深植的人文精神。缺乏人文精神的体育,将如无源之水,难以持久,仅留其表而失其魂。

在体育教育实践中,我们不仅要重视外在的身体锻炼与技能培养,更要深入挖掘并传递其内在的人文精神价值。这意味着,体育教育应当是一个全面的教育过程,既要增强学生的体质,又要提升他们的运动水平;既要培养学生的意志品质,又要丰富他们的情感体验;既要加强学生的自律品质,又要丰富他们的人文素养。通过体育教育,学校应当向学生普及人文社会学知识,强调体育背后所蕴含的人文精神,使这一精神成为体育教育不可或缺的一部分,从而充分发挥体育教育在培育人文精神方面的独特作用。如此,体育教育才能真正成为塑造全面发展个体的有力工具。

(七)社会化教育功能

个体从生物学意义上的存在逐渐转变为社会成员的过程,即为其社会化过程。在体育教学活动中,采用分组协作、探讨研究等多元化的教学手段,对于提升学生适应社会和发展社交技能具有显著效果。这些教学手段激励学生在团队协作与沟通交流中吸取他人的长处,借鉴有效的学习策略,并在与他人的竞技中进行自我反思,识别并改善自身的不足。

体育教育不仅塑造了学生的体魄,更在精神层面培育了他们的开朗乐观、平等友爱、团结协作及公平竞争的观念,这些均是构建良好人际关系的重要基础。另外,富有创新性的体育活动还拓宽了学生的社交范围,促进了他们社会适应能力和交往技巧的进一步提升。通过这些活动,学生不仅强化身体素质,更学会如何在社会中更有效地与他人交往和互动。

(八)爱国教育功能

体育教学具有广泛的爱国主义教育功能,通过体育教学能够引导学生确立正确的世界观、人生观和价值观,培养学生的爱国主义精神、民族责任感和集体荣誉感。作为教师,应充分利用体育教学的特点,着力提升学生的爱国意识和综合素养。

体育活动常需团队合作、努力拼搏,通过团队运动,学生能学会相互协作,从而培养团队协作意识。这种意识是爱国情怀的重要构成部分,能够加深学生对国家的认同感。通过体育竞赛,还能激发学生的竞争动力和奋斗精神。这种精神是爱国情怀的突出表现,能够点燃学生的爱国激情。

体育运动具有民族性,通过民族传统体育教学,能传承民族精髓,提升学生的民族荣誉感和自信心。例如,学习中国武术、太极拳等民族传统体育项目,有助于学生更深入地了解和传承中华民族的优秀文化。

体育运动具有国际性,通过竞技体育教学和组织学生观看、观摩国际赛事,能拓宽学生的国际视野,培养他们的全球认知。这种认知有助于学生更好地认识世界,为国家的繁荣发展贡献力量。

第二节 高校体育教学的目的与任务

一、高校体育教学的基本目的

(一)传授体育知识,感受体育文化魅力

在体育课程教学的宏大框架中,知识的传授是基础且关键的一环。这不仅仅是对体育理论的简单阐述,更是对体育文化深刻内涵的挖掘与传播。体育理论课程作为这一环节的核心载体,承担着向学生普及体育运动原理、规则、战术等多方面的重任。通过这些理论知识的传授,学生能够建立起对体育运动的全面认知,为后续的体育实践打下坚实的基础。

体育知识的传授并非孤立进行,而是与体育文化的传播紧密相连。在体育课堂上,教师不仅讲解运动技巧、比赛规则等显性知识,更通过讲述体育明星的奋斗历程、体育赛事的激情瞬间等,将体育精神、团队合作、公平竞争等隐性文化元素融入其中。这种知识与文化的交融,使得体育教学成为一种富有感染力和生命力的教育形式,让学生在掌握体育知识的同时,也深刻感受到体育文化的魅力。

为了实现体育知识的有效传授,教师需要精心设计课程内容,采用多样化的教学手段和方法。例如,通过视频教学、案例分析、小组讨论等方式,激发学生的学习兴趣和主动性,帮助他们更好地理解和掌握体育知识与技能。同时,教师还应注重对教学内容的更新与拓展,及时引入最新的体育科研成果和赛事动态,保持教学内容的时效性和前沿性。

(二)传授体育技能,丰富体育运动体验

体育技能知识作为一种特殊的"身体的知识",它不仅仅关乎动作的准确性和协调性,更涉及身体的感知、控制和反应等多个层面。在体育教学中,教师通过示范、讲解、指导等多种方式,帮助学生掌握正确的运动技能,提升他们的身体素质和运动能力。

体育技能知识的传授过程是一个复杂而精细的过程。教师需要根据学生的实际情况,制订个性化的训练计划,确保每个学生都能在适合自己的节奏下逐步提升。在训练过程中,教师不仅要关注技能的正确性,还要注重学生的情感体验和心理状态,通过积极的鼓励和引导,帮助他们克服困难,建立自信。

为了强化学生的"身体的知识",体育教学还需要注重实践环节的设计与实施。通过组织各种形式的体育比赛、训练活动、体能训练等,让学生在实践中不断尝试、修正和完善自己的技能动作,以及增强体质。这些实践活动不仅能够提升学生的运动技能水平,还能够培养他们的团队协作能力、竞争意识和应对挑战的能力。

同时,体育技能知识的传授还需要与体育知识的传授相结合,形成知识与技能相互促进的良性循环。在掌握一定体育知识的基础上,学生能够更加深入地理解运动技能的原理和要点,从而在实践中更加准确地运用所学技能。反之,通过实践活动的锻炼和体验,学生也能够更加深刻地理解体育知识的内涵和价值,进一步提升自己的认知水平。

(三)增强学生体质,奠定终身体育基础

在高校体育教学中,增强体质无疑是首要且基础性的目标。通过系统性的体育锻炼,学生的身体素质得以显著提升,包括肌肉力量、耐力、灵活性以及心肺功能的增强。这些变化不仅可直接提升学生的健康水平,还有助于增强他们的免疫力,为学生应对紧张的学习生活提供了坚实的生理基础。

高校体育教学致力于通过专业的教学和指导,使学生不仅学会如何正确地进行体育锻炼,还能掌握多种运动项目的技巧、规则及比赛策略。这不仅提升了学生的运动能力,更为他们未来能够持续、有效地参与体育锻炼,享受运动带来的乐趣与益处,奠定坚实的基础。

（四）强化学生心理素质，引领健康生活方式

体育锻炼不仅仅是对身体的磨砺，更是对心灵的洗礼。高校体育教学通过设计富有挑战性的训练项目，激发学生的潜能，培养他们的意志品质、自信心和抗挫折能力。面对困难与挑战，学生学会了坚持与不放弃，学会了从失败中汲取教训，从成功中总结经验。这些心理素质的提升，为学生面对生活中的各种压力与挑战提供强大的心理支撑。

体育活动不仅是力量的展现，更是美的追求。高校体育教学通过引导学生欣赏体育比赛中的技巧之美、团队协作之美，以及运动员拼搏进取的精神之美，逐渐培养学生的审美观念，提高他们的审美能力。随着学生逐渐发展出的这种对美的追求，不仅体现在对体育运动的热爱上，更渗透到了学生的日常生活中，促使他们形成健康、积极、向上的生活方式。

二、高校体育教学的主要任务

高校体育教学的目标和任务是相互关联的，高校体育教学旨在根据学生的年龄、性别、身体状况等因素，制订合理的体育教学计划，确保教学效果和教学目的的实现，通过体育锻炼，促进学生的全面发展。

具体来说，高校体育教学应完成以下主要教学任务。

（一）丰富大学生的体育运动知识

高校体育教学的教学内容相较于中小学更丰富多样、更富有专业性和难度，是大学生基础教育的重要内容。通过系统性的体育学习，旨在使大学生能够逐步建立起坚实的体育素养基础，并学会如何以科学的方法参与体育活动，享受运动带来的乐趣与益处。

体育教学应全方位地拓展学生的体育知识，具体涵盖以下几个方面。

（1）通过体育教学，大学生须掌握各类常见体育动作的标准概念，这是进行正确运动的前提。

（2）通过体育教学，大学生应深入了解这些动作背后的技术原理，这有助于他们理解运动的本质，提升运动效率。

（3）体育训练知识的教授，侧重于科学训练方法的指导，帮助学生有效提升体能与技能。

（4）体育教学还融入了音乐的元素，例如在体操、健美操等项目中，教师教授学生如何将体育动作与音乐节奏巧妙配合，增添运动的韵律美。通过音乐知识的引入，让学生在享受运动的同时，也能领略音乐对运动的激励作用。

（5）体育创编能力的培养也是体育教学的重要任务之一，旨在鼓励学生发挥创意，设计独特的运动方案。

（6）体育课程还包含体育健康保健常识的教育，教授学生如何预防运动伤害，以及如何在运动后进行有效的身体恢复，确保学生在享受运动乐趣的同时，也能保护好自己的身体健康。

通过以上具体教学任务的完成，旨在为学生构建一个全面、科学的体育知识体系，为他们未来的健康生活奠定坚实的基础。

（二）提高大学生的体育运动技能

体育教学侧重于身体活动，与其他学科的教学有着显著的不同。通过体育教学活动的实施，学生能够亲身体验并学习各种运动技能，这是其他学科难以替代的。

在体育教学的过程中，大学生展现出极强的技能学习能力。只要体育教学安排得科学合理，他们便能迅速掌握运动技能。同时，运动技能的学习过程也是一次情感体验的旅程，这种体验反过来又能激励学生更加积极地参与复杂的体育运动技能学习活动。

体育教学的核心任务之一是促进学生掌握一系列运动技能，具体包括如下几个方面。

（1）体育动作的构成、组合、连接以及节奏感的把握，这是运动技能的基础。

（2）掌握一般体能训练的内容与方法，旨在提升学生的整体体能水平。

（3）掌握专项体能训练的内容与方法，针对特定运动项目进行强化训练。

（4）掌握运动后的科学恢复方法，帮助学生快速恢复体力，避免运动损伤。

（5）掌握基本形体的训练方法与不良形体的纠正，塑造学生的健康体态。

（6）操舞类动作与音乐的配合，以及动作的组合、创造与创新，培养学生的艺术素养和创新能力。

（7）个人竞技类项目及球类运动的技术与战术配合，提升学生的竞技水平和团队协作能力。

(三) 促进大学生的身体健康发展

体育活动是提升个人体质的有效途径。通过组织丰富多样的体育教学，教师引导学生积极参与各类身体活动练习，可以直接为身体提供必要的刺激，从而促进学生体质的增强和整体健康水平的提升。这样的教学模式不仅有助于学生个体的体质改善，还为其未来的健康发展奠定坚实的基础。

健康的身体是个人全面发展的基石，通过体育教学，应完成以下教学任务。

（1）提高大学生的身体素质，使其具备良好的体能基础，当学生具备良好的体能时，他们的身体状态会更加健康，精力会更加充沛，学习效率也会随之提高。

（2）引导学生养成规律的体育锻炼习惯，提高自我锻炼意识，为终身体育锻炼奠定基础。

（3）通过体育教学，让学生了解健康的生活方式，包括合理膳食、规律作息、心理健康等，提高学生的健康意识。

（4）帮助学生更好地适应环境变化，提升他们的生活质量，让他们感受到生活的美好和生命的价值。

从体育教学的发展历程来看，提升学生的体能和健康水平不仅关乎学生个体的成长，更对我国国民体质的整体提升具有深远影响。大学生的体质和体能是国民健康发展的重要支撑。因此，加强青年学生的体质和体能训练，对于提高国民整体健康水平、推动国家长远发展具有不可估量的价值。

(四) 促进大学生的心理健康发展

在学校教育体系中，体育教学还有一项核心使命便是致力于学生心理素质的培育与优化。鉴于体育运动所蕴含的鲜明竞争性、广泛的交往性以及丰富的实践性特征，体育课程及其延伸活动，如课外体育锻炼、专业运动训练以及各类体育竞赛，为学生心理素质的健康发展提供不可或缺的平台与机遇。

体育教学在促进学生心理层面的全面发展上,具体应聚焦于以下几个方面。

(1)通过参与体育活动,学生能够陶冶情操,深刻体会到运动带来的乐趣与满足感,这种体验有助于激发学生对生活的热爱与对未来的向往。

(2)体育运动能够丰富学生的情感世界,使他们在面对挑战时保持一种健康向上、积极乐观的心态,这种心态是面对未来生活的重要心理资本。

(3)体育课程还承担着培养学生正确体育道德观、价值观及审美观的重任,帮助学生形成积极向上的人生观与世界观。

(4)体育活动还能有效提升学生的自信心,让他们在面对困难时更加坚韧,具备更强的挫折承受能力。

(5)通过团队合作与竞技比拼,锻炼学生的竞争与合作能力,这对于他们未来融入社会、参与竞争具有重要意义。

(6)培养学生参与体育运动的良好习惯,通过持续的运动实践提升其运动智力水平,使其思维更加敏捷灵活。

(7)通过体育运动的调节,学生能够更好地管理自己的情绪,保持心理健康。

(8)改善学生的情绪状态、消除心理疲劳以及缓解心理压力,这对于大学生预防和治疗心理疾病具有一定的辅助作用。

(五)提高大学生的社会适应能力

体育教学活动需要师生的共同参与,在不同体育教学目的的教学活动组织中,教师和学生扮演着不同的角色,这有助于丰富学生的角色体验,提高学生的社会活动适应能力。在体育教学过程中,通过融入竞争、合作、角色转换、赞扬、规范遵循、成功喜悦、失败挫折以及处罚等丰富元素,为大学生提供了宝贵的群体活动实践机会,更在潜移默化中促进他们社会适应能力的提升。

因此,体育教学作为培养学生社会适应能力的重要途径,其深远意义不容忽视,其具体内容如下。

(1)培养和提升学生的竞争与合作意识及能力。在竞技场上,学生学会了如何在竞争中保持冷静,如何在合作中寻求共赢,这种能力不仅是个人心理素质的体现,更是社会适应能力的重要组成部分。通过参与团队项目和个人竞技,学生在实践中逐渐领悟到,真正的胜利往往源自团队的默契配合与个人的不懈努力。

(2)提高学生的运动技能应用和实践能力。这不仅仅局限于运动技巧本身,更包括与同伴和教师之间的有效沟通,无论是通过语言还是肢体动作,都能准确传达意图,增强团队协作的流畅性。这种能力的提升,对于学生在未来社会中的人际交往和职业发展都至关重要。

(3)培养学生的体育活动组织、表演和领导能力。通过担任队长、教练助理等角色,学生学会了如何制订计划、分配任务、激励团队,这些经验对于他们未来成为社会的领导者和管理者具有不可估量的价值。

(4)鼓励学生发挥创造力和创新能力。在运动中,学生不断尝试新的技巧、新的战术,这种勇于探索的精神正是创新能力的源泉。通过体育教学,学生学会了如何在规则框架内寻找突破,如何在传统中寻求变革。

(5)促进学生规范意识的强化和集体荣誉感的提升。在遵守比赛规则、尊重对手和裁判的过程中,学生逐渐形成了良好的道德行为习惯。同时,为了团队的荣誉而拼搏,让学生深刻体会到集体力量的伟大,增强了他们的归属感和责任感。

(六)培养竞技体育后备人才

体育教学的目的不仅在于推动学生身心素质的全面健康发展,确保学生在体魄与心理层面均得到均衡提升,同时也是发掘并培育潜在运动人才的重要途径,有助于为我国竞技体育事业的蓬勃发展注入新鲜血液。

步入新时代,我国体育事业的发展被赋予了新的使命,即从体育大国向体育强国的跨越。这一转型不仅要求我们在全民范围内强化体质健康教育,促进国民整体健康水平的提升,还强调了竞技体育的持续进步与人才发掘的重要性。在体育教学实践中,教师扮演着关键角色,他们通过观察比较同龄学生的运动表现,能够初步评估学生的运动潜能,进而对展现出优异运动天赋的学生实施重点培养与针对性训练。这一策略旨在拓宽社会体育精英及竞技后备人才的选拔范围,发现更多具备潜力的大学生体育竞技人才。

在高校体育教学实践中,对于在体育教学中发现的竞技能力崭露头角的大学生,学校及体育机构应积极推荐其加入高水平专业队伍,让他们接受更为专业、系统的训练,助力其日后成长为杰出的体育人才。如此,不仅能够为国家竞技体育事业的繁荣发展贡献力量,也能促进体育文化的广泛传播与深入影响。

(七)传承我国优秀体育文化

体育教学不仅是体育知识与技能的传授过程,更是体育文化精髓得以延续与发展的重要途径。它如同一座桥梁,连接着过去与现在,让体育文化在时间的长河中流淌不息。在我国,学校体育课程的内容丰富多样,既涵盖了西方竞技体育运动项目的教学,也融入了我国传统民族体育运动项目的教学,这一设置不仅体现了体育文化的多元性,更彰显了我国对于本土体育文化传承的深切关怀。

通过在学校开设民族传统体育教学,我们得以向年轻一代传递我国民族传统体育文化的独特魅力与深厚底蕴。这些课程不仅让学生学习到具体的运动技巧,更重要的是,它们成为普及、发展与传承我国民族传统体育文化的有力推手。学生在参与这些体育活动的过程中,能够深刻感受到民族文化的魅力,从而增强对民族文化的认同感和自豪感。

在当今世界,多元文化正迎来大发展、大繁荣的关键时期。我国作为拥有悠久历史和灿烂文化的国家,提升文化软实力、增强民族凝聚力与创造力显得尤为重要。而民族体育文化的传承与发展,正是我们在这一过程中不可忽视的重要一环。它不仅关乎体育本身,更关乎民族精神的塑造与弘扬。

学校作为教育体系的核心组成部分,拥有专业的教师队伍、丰富的硬件资源以及前沿的教育教学理论与内容。这些优势使得学校成为传承民族传统体育文化的摇篮。在这里,学生不仅能够接受传统民族体育的训练,更能在潜移默化中感受到传统体育文化的熏陶。学校在培养大学生的体力、智力以及优良品质方面发挥着积极作用,同时,它也是文化传承的重要基地。通过学校教育,我们能够更有效地促进体育文化的传承与弘扬,让体育文化成为连接过去与未来、沟通心灵与世界的桥梁。

第三节 高校体育教学的理念与原则

一、高校体育教学的理念

（一）"以人为本"体育教学理念

1. "以人为本"教学理念发展简述

自古以来，我国便重视人的价值，在教育中强调个性发展。商周时期的"民本"思想，春秋时期孔子的因材施教，战国时管仲的"以人为本"治国理念，均体现了我国古代对"人"的重视，只是当时尚未形成完整的教育思想体系。

相比之下，西方"以人为本"的思想起源同样古老，古希腊时期已有雏形，经文艺复兴时期广泛传播，至19世纪初费尔巴哈提出"人本主义"，这一思想在西方教育中影响深远。西方国家因人口较少，学生被视为独立个体，个性化发展备受重视。

现代"以人为本"的教育理念源自国外，后传入我国。新时代，我国体育教学中的"以人为本"思想，强调促进学生身心和谐发展，实现体育多元教育功能，重视思想品德、文化科学、生活与体育技能教育，并与当前社会经济发展相适应。其教学目标是培养身心健康、社会能力得到发展的全面人才，为国富民强和民族复兴培养接班人。

"以人为本"的教育理念强调人性化教育，尊重学生在体育教学中的主体地位，重视人的发展，以及人的主动性和积极性的调动、发展与创新，成为当前和未来我国学校体育教学发展的重要指导思想。

2. "以人为本"教学理念在高校体育教学中的应用

（1）转变应试教育观念，强化学生主体地位

"以人为本"的教育理念着重于学生的全方位成长，并着重体现学生在课堂上的核心地位。为了落实这一理念，教师应当摒弃以往那种单

向灌输的教学方式,转而采用一种能够激励学生主动投入体育锻炼的教学模式。在体育课堂上,教师应充分尊重学生的主体地位,避免"教师即中心"的固有观念,鼓励学生表达自己的想法,而不是将教师的观点强加给学生。①

同时,教师还应通过创新教学模式和方法,如采用多元化的教学手段,来激发学生的体育学习和参与热情。

(2)明确体育教学目标,兼顾社会与个人发展

在"以人为本"教学理念的指导下,高校体育教学应明确其教学目标,既要满足社会发展的需求,也要注重学生的个性化发展。一方面,体育教学应致力于培养能够适应社会发展需要的人才;另一方面,也应关注学生的个性化需求,以学生为出发点组织教学,促进学生的自由、健康、全面发展。

(3)科学选择教学内容,激发学生兴趣

在选择体育教学内容时,教师应遵循"以人为本"的教学理念,全面考量学生的个性特征、兴趣爱好及实际需求。所选内容须富含娱乐性和趣味性,能够有效调动学生的学习热情和主动精神;同时,也应展现出创新性,以迎合学生追求新奇的心理倾向,推动他们创新意识的培养和创新能力的提升。此外,教学内容还应强调实用性和广泛适用性,确保学生能够轻松地在日常生活、学业及职业生涯中实践所学。

(4)尊重学生差异,实施因材施教

"以人为本"教育理念还体现了充分尊重并发挥学生主体性的特点。这一理念不仅顺应了当代教育的发展趋势,也精准地把握了教育发展的实际需求,为高校体育教学的进步明确了导向。通过因材施教,最大可能地保护了学生的个性,并给予发展的机会。鉴于此,在实施体育教学时,必须深入考虑学生的身心特征,确保教学活动能够与学生的全面发展相契合。②

在高校体育教学中,教师应树立以学生为中心的教育理念,关注学生的个性差异和学习努力程度。教师应尊重学生的个性特点,采用丰富多彩的教学方法和手段,打破传统单一的教学模式。同时,教师还应注

---

① 张坤.体育教学过程中以人为本教育理念与体现的分析[J].运动,2018(2):83.
② 包呼和.以人为本的教育理念在高校体育教学中实践探析[J].体育世界(学术版),2019(5):137.

重多元性教学,积极创新以人为本的体育教学体系,以满足不同学生的需求。①

(5)关注教师发展,改进教学方法

为了增强高校体育教学的品质,学校应重视教师的成长,为教师打造一个宽松的工作氛围。学校需合理安排教师的教学任务,采用科学的评价体系来衡量教师的教学成效,并对表现优异的教师给予表彰。同时,学校应推行以人为本的教师管理策略,避免采取过于严苛或强制性的管理方式,而应尊重并信任教师,鼓励他们在教学理念上的自由与创新。这些举措能够有效激发教师的教学热忱与创新精神,进而提升体育教学的成效。

(二)"健康第一"体育教学理念

1. "健康第一"教学理念的发展简述

在我国体育教学的发展历程中,"健康第一"的教学理念具有深远的意义。早在1950年,毛泽东提出"健康第一"的思想,指出:"各校要注意健康第一、学习第二"。②

在国际竞技体育快速发展的背景下,我国曾一度将"金牌数量"作为体育发展的主要目标,导致关注学生健康发展的教育理念未能充分落实于教学实践。随着时代的变迁,传统以"体质、技术、技能"为中心的体育教学理念已难以满足新时代人才培养的需求。因此,"健康第一"的教学理念应运而生,成为新时代学校体育教学的核心指导思想。③

进入20世纪90年代,"健康第一"的教学理念更加明确,与素质教育的诉求高度契合,强调在教育过程中关注学生的健康发展。随着社会经济的不断发展和生活方式的改变,现代人面临运动不足、不良生活习惯和饮食结构等问题,健康问题日益凸显,这迫切要求加强体育教学改革,增强学生体质。

21世纪以来,"健康第一"的教学理念逐渐深入人心,其范围也从教

---

① 周云正.构建"以人为本"的现代体育教育的改革方向思考[J].教育现代化,2018(3):70.
② 康娜娜.新中国成立以后我国学校体育思想的嬗变及其发展研究[D].徐州:中国矿业大学,2014:22.
③ 王海娟."健康第一"指导思想在学校体育教学中的实施策略[J].现代交际,2018(20):138-139.

学领域扩展到全民健康的范畴。"健康第一"理念主张将人的健康发展放在首位,认为健康是教育的重要功能和个体发展的基础。

2020年10月,中共中央办公厅、国务院办公厅印发了《关于全面加强和改进新时代学校体育工作的意见》,强调体育教育应归回"健康第一"的教育本位。①

在体育教学领域,"健康第一"的教学理念强调教育应为促进人的健康发展服务,关注学生的身体、心理和社会性的全面健康。通过体育教学,不仅应提升学生的体质水平,还应培养他们的健康意识和健康行为,为他们的全面发展奠定坚实的基础。这一理念的实施,对于推动我国体育教学的改革和发展具有重要意义。

2."健康第一"教学理念在高校体育教学中的应用

(1)明确体育教学任务

在当代高校体育教学体系中,明确并深化教学任务是提升教育质量的关键所在。这一过程中,首要任务是确保所有体育教学活动的规划与实施均植根于多维健康观念之上,即不仅仅局限于体能锻炼,而是全面关注学生的身体、心理、智力以及社会适应能力的综合提升。通过精心设计的体育课程,旨在培养出身心健康、全面发展,能够担当社会建设重任的未来接班人。

(2)落实体育健康教育标准

严格落实体育健康教育标准是"健康第一"教学理念的具体要求。这要求体育教师在教学内容上不断革新,融入更多能够增强学生健康知识与技能的元素,确保学生不仅知其然,且知其所以然。

此外,体育教师应紧跟国家学生体质健康测试标准的最新动态,结合地域特色和学生个体差异,灵活调整健康标准检测体系,使之更加科学、合理。此外,尊重每位学生的个性化需求,提供多样化的体育项目选择,让每位学生都能在感兴趣的领域发光发热。

(3)发展学生健康知识与技能

"健康第一"教学理念致力于发展学生的健康知识与技能,通过加强卫生、健康、保健教育,紧密结合学生的生长发育特点和日常生活实

---

① 宋超.高校体育教学中"健康第一"理念的实施探析[J].当代体育科技,2022,12(3):77.

际,引导学生掌握必要的体育健康知识、技能和方法。通过持续的体育锻炼习惯培养,让学生认识到健康生活方式的重要性,并将其内化为自觉行动。

(4)提升学生的综合体育素养

在体育教学实践中,体育教师需精心挑选符合学生身心发展规律的体育教材,科学规划教学与训练计划,确保学生在享受运动乐趣的同时,有效避免运动伤害。加强对课外体育活动的指导,鼓励学生走出教室,积极参与各类校园体育健身活动,如运动会、体育社团等,营造积极向上的体育氛围。同时,将营养学、心理学、保健学、环保学以及身心健康等跨学科知识融入体育教学,拓宽学生的知识视野,提升其综合素养。

(5)关注学生的多维健康发展

在体育教学中始终坚持"健康第一"的原则,不仅应关注学生的身体健康,更将心理健康与社会适应能力发展纳入考量范畴。

一方面,通过体育活动促进学生心理健康,提升其情绪管理能力,形成积极向上的生活态度;另一方面,利用体育竞赛、团队合作等形式,增强学生的意志力、合作精神和社会责任感,培养其遵守规则、尊重他人的良好品质,为学生未来融入社会、建立和谐人际关系奠定坚实基础。

综上所述,高校体育教学是一个系统工程,须从多维度出发,综合施策,方能培养出既拥有强健体魄,又具备良好心理素质和社会适应能力的复合型人才。

(三)"终身体育"体育教学理念

1. "终身体育"教学理念的发展简述

"终身体育"理念的诞生,与社会大众对健康需求的演变紧密相连。

随着我国经济的迅猛增长,民众在满足基本生活需求之余,逐渐将目光投向了个人健康领域。党的十九大报告亦着重强调了关注民生,推动社会大众实现全面健康的发展。终身体育成为增进民众健康的一个重要且高效的途径。

体育作为一种积极的生活方式与手段,对于促进人们的身心健康具有显著效果。大学生作为国家和民族的希望,更应重视体育活动的参与,推动自我健康发展,并持之以恒地投身于体育运动中,以期终身受益。在学校体育教学领域,明确提出了贯彻"终身体育"的教学理念。

所谓终身体育,是指个体在参与体育锻炼和体育活动的过程中,不断强化自我学习意识,培养终身坚持学习与锻炼的习惯。这一理念以体育为核心领域,倡导人们根据各自生命阶段的特点,主动参与多样化的体育活动。[①]

要深入理解"终身体育",应明确以下几点。

（1）从时间维度来看,终身体育伴随着人的整个生命周期。

（2）从内容构成上,终身体育活动涵盖了丰富的内容和多样的形式。

（3）从参与对象来说,终身体育面向所有社会成员。

（4）从功能作用上,终身体育能够推动国民体质的提升,助力国家繁荣富强。

"终身体育"不仅是我国体育教学在新阶段进行改革的必然趋势,也是提升国民整体素养、建设体育强国、塑造健康中国以及推动民族复兴的关键路径。

当下,"终身锻炼"已成为我国各级学校体育教学的重要导向,对于促进学生的健康成长,以及提升社会和民族的综合实力具有深远的意义。

2. "终身体育"教学理念在高校体育教学中的应用

在"终身体育"教学理念下,教师应密切关注学生的"终身体育"思想的形成（图1-1）,对其中的子因素进行干预和调整,最终使学生确立终身体育意识,并能在学习和日常生活中积极进行体育活动。

具体来说,在高校体育教学中,要贯彻落实"终身体育"教学理念,应做好以下几方面的工作。

（1）激发学生终身体育的兴趣与动机

要培养学生的终身体育的观念,首先得从激发他们的运动兴趣开始。兴趣是最好的老师,只有对体育产生浓厚的兴趣,学生才会愿意长期、持续地参与体育锻炼。因此,学校和教师应积极创新体育教学方法,通过丰富多样的教学手段和有趣的体育活动,吸引学生的注意力,激发他们的运动热情。同时,教师还应帮助学生明确运动的目标和意义,让他们认识到运动不仅是为了强健体魄,更是为了提升生活品质,从而实

---

① 李璟明.终身体育理念下高校体育教学改革探析[J].当代体育科技,2019,9(26):3.

第一章　高校体育教学概论

现从"要我运动"到"我要运动"的转变。

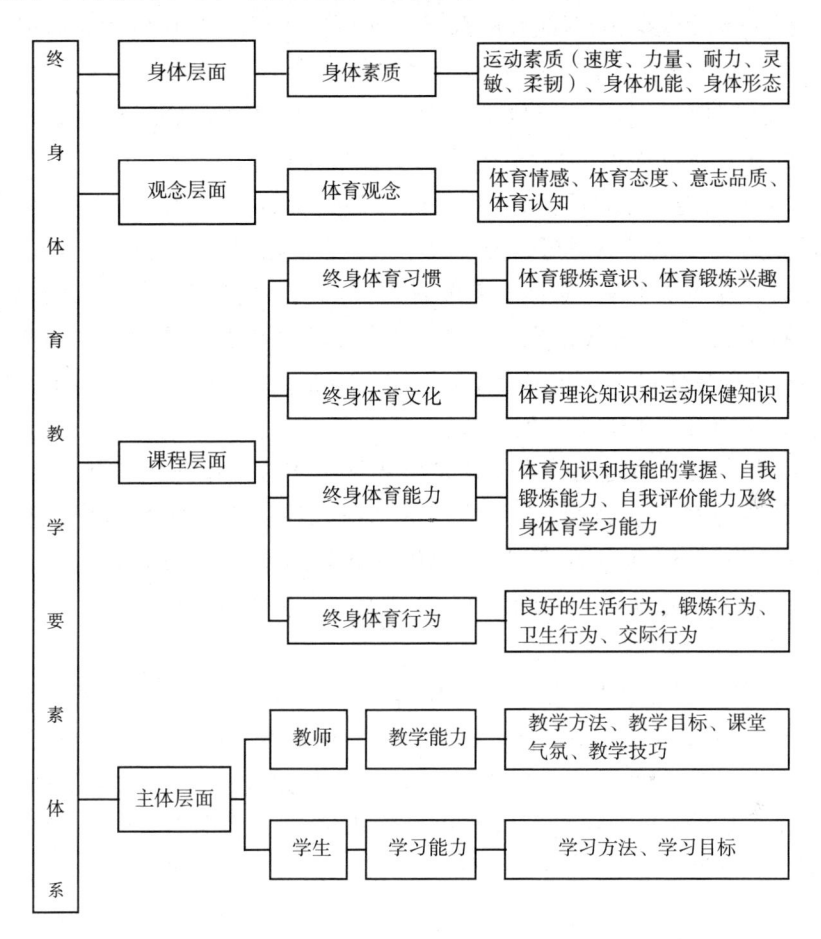

终身体育教学要素体系			
身体层面	身体素质	运动素质（速度、力量、耐力、灵敏、柔韧）、身体机能、身体形态	
观念层面	体育观念	体育情感、体育态度、意志品质、体育认知	
课程层面	终身体育习惯	体育锻炼意识、体育锻炼兴趣	
	终身体育文化	体育理论知识和运动保健知识	
	终身体育能力	体育知识和技能的掌握、自我锻炼能力、自我评价能力及终身体育学习能力	
	终身体育行为	良好的生活行为、锻炼行为、卫生行为、交际行为	
主体层面	教师	教学能力	教学方法、教学目标、课堂气氛、教学技巧
	学生	学习能力	学习方法、学习目标

图 1-1　终身体育的教学要素体系[①]

在激发学生运动兴趣的同时，应注重提升学生的体育锻炼和卫生保健知识。这包括了解各种运动项目的特点、掌握正确的运动技巧、了解运动中的自我保护方法以及运动后的恢复措施等。经由系统化的知识教学与技能培育，学生能够以更科学、高效的方式进行体育活动，有效预防运动损伤，并提升锻炼成效。

此外，培养学生的持久运动习惯极为关键。教师应激励学生将体育锻炼的习惯延伸至校园生活之外，鼓励他们在家庭、社区等不同环境中

---

① 黄丽秋.终身体育思想的形成及教学引领研究[D].长沙：湖南师范大学，2014：25.

持续进行锻炼。同时,学校也应通过策划多种形式的体育项目和竞赛,为学生提供展现自我、分享经验的舞台,从而进一步点燃他们的运动激情。

（2）培养学生的自主能力和体育文化素养

"终身体育"理念强调不仅关注学生体育技能的培养,还注重培养学生的独立思考能力、自我管理能力和探索精神。[①]

"终身体育"理念认为,体育不仅仅是身体的活动,更是塑造学生全面素质的重要途径。通过体育教育,学生不仅能学到运动技巧,还能学会如何独立解决问题,如何有效管理自己的时间与行为,以及如何勇于探索新领域、挑战自我极限。因此,将体育教育与学生的长远发展相结合,不仅能够增强学生的体质,更能培养其成为具备独立思考、自我管理能力和探索精神的全面发展人才,为其终身成长奠定坚实基础。

提高学生的体育文化素养也是培养学生终身体育观念的重要一环。通过加强体育文化教育,学生能够更加深入地认识到体育的价值和意义,从而坚定终身体育的信心,提高终身体育的能力。同时,他们还能够以自己的实际行动影响周围的人,带动更多人参与终身体育。

（3）丰富体育教学内容与形式

为了树立学生的终身体育理念,高等教育机构在体育教学中应当不断扩充内容与形式的多样性。这涵盖了对体育教学内容的整合与优化,确保教授学生感兴趣的体育项目;举办多样化的校园体育文化活动,例如运动会、体育专题讲座及体育知识竞赛等,以此弥补课堂体育教学的局限性;传授体育规则与裁判知识,引领学生关注体育时事热点,激发他们的体育兴趣与热情;并且,将体育课内外教学有机融合,激励学生踊跃参与各类课外体育活动及赛事,如校际间的联赛、社区运动会等。

通过这些丰富多样的教学内容和形式,学生不仅能够学到更多的体育知识和技能,还能够更加深入地了解体育的精神和文化。同时,这些活动还能够为学生提供展示自我、交流经验的平台,进一步激发他们的运动热情,培养他们的团队合作精神和竞争意识。

（4）提高教师综合素质水平

教师作为体育教学的主体之一,其综合素质水平直接影响体育教学的质量和效果。因此,在培养学生的终身运动观念时,我们还需要不断

---

① 刘德兵,王凤娟.终身体育理念下高校体育教学研究[J].冰雪体育创新研究,2024,5(4):39.

提高教师的综合素质水平。

首先,体育教师应树立终身体育教学理念,并贯彻落实到体育教学实践中去。这要求教师要不断更新自己的教育观念和教学方法,关注学生的个体差异和发展需求,以学生为中心开展体育教学工作。

其次,要提高教师的课程设计能力。课程设计是体育教学的关键环节之一,它直接影响到体育教学的效果和质量。因此,学校要加强对教师的课程设计培训,提高他们的课程设计能力和水平。同时,学校还要鼓励教师积极创新教学方法和手段,为学生提供更加优质、高效的体育教学服务。

最后,要提高教师的体育执教能力。教师的教学能力是衡量其教学水平的关键指标之一。因此,强化教师的执教技能培训,以提升他们的教学能力和水平显得尤为重要。这涵盖了对体育教学方法、技巧及技术应用能力的提升;营造活跃的体育教学氛围,构建和谐的师生关系;提高学生的学习效率,优化体育教学的成效,以及全面提升体育教学的质量等多个方面。

二、高校体育教学的原则

高校体育教学应遵循以下基本原则。

(一)身心发展原则

体育教学应注重促进学生身体、心理及社会适应能力的全面发展。为实现这一目标,应实施以下策略。

(1)在教材选择上,须紧密结合学生的生长发育特点,科学合理地选取并搭配教材。这些教材需满足不同学段、学期及单元的教学需求,并强调其科学性和指导性。在实际授课中,教师应依据学生的年龄特征,灵活调整训练活动的强度与内容,确保遵循体能发展的自然规律。

(2)体育教师应强化健康教育,帮助学生认识体育锻炼的重要性,并培养他们形成科学锻炼、终身锻炼的习惯。这不仅能提升学生的身体素质,还能促使他们形成健康的生活方式。

(3)体育教学应充分发挥其育人功能。教师应深入理解每项技术传授和竞赛过程所蕴含的体育道德规范、体育精神及人际关系等价值。通过体育教学,我们可以利用其独特的育人优势,培养出身心和谐发展的全面人才。

（4）体育教师应深入了解学生的心理特征，创新教学方法与手段，以激发学生的运动热情。通过组织有趣的体育活动，我们可以有效改变学生"逃避体育课却热衷体育活动"的现象，使他们更加主动地参与体育锻炼。

（5）在教学评价方面，教师应充分认识到教学评价的导向作用。除了关注身体健康和运动技能方面的指标外，还应纳入学习态度、人格塑造、体育道德以及社会适应能力等方面的评价。通过将教学预设与结果评价相结合，我们可以确保体育教学的原则——促进学生身心全面发展——得到真正落实。

（二）科学发展原则

科学发展原则是体育教学的重要原则。它强调体育教学必须遵循人体生理和心理的发展规律，合理安排教学内容、方法和运动负荷，以确保教学效果和学生安全。

人体生理和心理的发展是一个复杂而有序的过程，不同年龄阶段的学生在身体发育、心理特征、运动能力等方面都存在显著的差异。因此，体育教学必须充分考虑这些差异，根据学生的实际情况，科学制订教学计划，选择适宜的教学内容和方法。

（1）在教学内容方面，教师应根据学生的年龄和性别特点，选择符合其生理和心理发展规律的体育项目。例如，对于大学男生，可以选择一些对抗性强的运动项目，如篮球、足球等，以激发他们的竞争意识；而对于大学女生，则可以选择一些低强度、高柔韧性的运动项目，如瑜伽、太极等，以发展她们身体柔韧性的优势，有助于其享受运动带来的乐趣。

（2）在教学方法方面，教师应注重因材施教，根据学生的个体差异，采用不同的教学手段和策略。例如，对于身体素质较差的学生，可以采用分步教学、逐步提高的方法，帮助他们逐步掌握运动技能；而对于身体素质较好的学生，则可以采用挑战式教学，设置更高的运动目标，激发他们的运动潜能。

（三）循序渐进原则

循序渐进原则是体育教学的又一重要原则。它强调体育教学应根据学生的身体素质、运动技能水平和学习进度,合理安排教学内容和运动负荷,逐步提高教学要求。这一原则体现了体育教学的连续性和阶段性,要求教师在教学过程中,根据学生的实际情况,逐步增加教学难度和强度,帮助学生逐步提高运动技能水平。

(1)在教学内容方面,教师应根据学生的身体素质和运动技能水平,选择适宜的教学内容。对于初学者,应选择一些基础性的运动项目,帮助他们掌握基本的运动技能和动作要领;对于有一定基础的学生,则可以选择一些进阶性的运动项目,帮助他们提高运动技能水平。

(2)在运动负荷方面,教师应根据学生的身体状况和运动能力,逐步增加运动负荷。在初始阶段,可以选择一些低强度的运动项目,帮助学生逐渐适应体育锻炼的节奏;随着学生身体素质的提高和运动技能的提升,可以逐渐增加运动负荷,挑战学生的运动极限。

(3)在教学进度的调控上,教师应当依据学生的学习进展情况及反馈意见,灵活调整教学规划。对于学习进展迅速的学生,可适当提前引入更具挑战性的运动项目;而对于学习进展稍显缓慢的学生,则需增加指导与支持,助力他们克服学习障碍。

(四)精讲多练原则

精讲多练原则是体育教学的重要指导方针。它强调教师在深刻理解教材的基础上,以简洁明了的方式向学生传授教学目标和技术要领,同时鼓励学生积极参与实际的身体锻炼。这一原则既重视教师的讲解,又确保学生有足够的练习时间,充分发挥了师生的积极性。

(1)确保讲解内容精要。教师的讲解应紧扣教学目的,突出运动技术的重点和难点,力求简洁明了。

(2)选择恰当的讲解方法至关重要。教师应根据学生的实际水平和教材特点,选择适合的讲解方式。

(3)教师的讲解应当言简意赅,富有启发性,能够激发学生的思维与想象力。体育教师可以通过创造性地编创口诀,帮助学生更好地理解运动原理,进而提升教学效果。此外,在讲解时,教师还需注重语调与语气的运用,以营造积极的课堂氛围,实现最佳的讲解效果。

(4)在讲解清晰的基础上,强调实践练习的重要性。鉴于体育运动的特殊性,掌握运动技能需要充足的身体练习。教师应精心设计最有效的练习方案,并确保练习的质量。采用多样化的练习方法,例如重复练习、间歇练习、游戏练习等，有助于学生更有效地掌握运动技能。在练习过程中，鼓励学生积极思考、勤于动脑，通过发现问题来提升自身能力。由于每次练习的条件、目的及方式均有所不同，学生应认真进行分析与总结，以逐步提升练习成效。

（五）安全卫生原则

"安全卫生"教学原则强调，体育教学的设计及执行必须始终将学生的运动安全与卫生条件纳入考虑，通过实施有效的预防措施及安全保障计划，最大限度地降低学生在体育活动中可能遭遇的身体伤害风险。为落实"安全与健康"教学原则，需从以下方面着手。

（1）确立"健康至上""安全第一"的核心观念。尽管近年来政府部门与学校管理层已对学生的体育安全卫生问题给予了充分重视，但体育伤害事故仍时有发生。因此，教师在教学过程中必须时刻保持高度的安全意识，将学生的安全问题作为首要考量。

（2）体育教师在课程执行过程中需全面落实各项安全措施。课前，教师应提前抵达上课地点，进行场地布置、器材准备及环境清洁，这既体现了对工作的责任感，也体现了对学生安全的重视。同时，教师还需细致检查教学器材，特别是那些可能存在安全隐患的器材，如单杠、跳箱等。在课堂上，教师应组织学生做好充分的热身活动，以防止高强度运动中可能出现的损伤。此外，教师还应向学生传授基本的自我保护技巧，引导他们科学参与体育运动，及时避免伤害风险。

（3）关注体育教学过程中的运动卫生问题。当前，高校运动场所的设施大多已相当完备，但运动卫生不仅限于环境整洁，还包括对自然环境变化的适应。在寒冷或炎热环境下运动时，学生需关注运动强度、衣物调整等问题。同时，运动设施及建筑的卫生问题也不容忽视，如室内建筑的供暖、降温、照明设施，以及游泳池池水的卫生状况等，都直接关联着学生的健康。因此，教师需要提醒学生关注运动卫生，并传授相关的安全卫生知识。

第四节　高校体育教学的科学理论基础

一、教育学理论

高校体育教学,作为教育体系中的一个重要组成部分,其背后有着深厚的教育学理论支撑。这些理论不仅为体育教学实践提供了指导框架,还促进了教学方法的创新与学习效果的优化。

（一）体育教学的知识传授

高校体育教学相较于一般的文化课程教学,更加侧重于隐性知识的作用。在这一教学过程中,显性知识与隐性知识共同作用于教学的"传授"与"接收"环节。在常规的教学情境中,教师往往通过语言阐述体育技能中的理论原理（即"是什么"和"为什么"）或展示基本的技术动作,然而,学生在实际练习中的个人体验与感受却是独一无二的,他们的身体感知、动作控制能力等隐性层面的提升,是教师无法直接替代或传授的。

传统的高校体育教学实践中,隐性知识的存在及其对教学的影响常被师生双方所忽视。以往,我们习惯于采用传统的"师徒传授"模式来引导学生领悟隐性知识,但这种模式已难以适应当前体育教学的需求。若继续沿用此模式,不仅显得教学手法陈旧,也难以经受实践的深入检验。由于师生对体育教学中隐性特质的认知不足,容易陷入教学误区,进而影响整体的教学效果。因此,可以说,当前高校体育教学中"教"与"学"所面临的困境,很大程度上源于体育课程本身的隐性特征。鉴于此,在高校体育课程教学的改革与优化过程中,首要任务是明确体育教学的这一特殊属性,并基于此来制定和实施具体的教学改革措施。

（二）体育教学的经典教学理论指导

以下简要阐述几种与高校体育教学密切相关的教育学理论,旨在揭示它们如何塑造并丰富体育教育的内涵。

1. 多元智能理论

霍华德·加德纳(Howard Gardner)的多元智能理论指出,智能并非单一存在,而是由多种智能类型构成的复杂体系。

在体育教学中,这一理论鼓励教师根据学生的不同智能优势设计多样化的教学活动。比如,对于视觉—空间智能较强的学生,可以通过视觉演示和空间设计来提升其运动技能;而对于音乐—节奏智能突出的学生,则可以结合音乐节奏进行体能训练,以此激发学生的学习兴趣,满足其个性化需求。

2. 建构主义学习理论

建构主义学习理论强调知识是通过学习者与环境之间的互动构建的。

在体育教学中,这一理论主张教师应鼓励学生通过实践、探索和反思来自主构建运动技能和体育知识。例如,在篮球教学中,教师可以先让学生自由投篮,观察其动作模式,然后引导学生分析投篮技巧,再通过反复练习和反馈,逐步优化投篮动作。这种教学模式不仅促进了学生技能的提升,还培养了他们的自主学习能力和问题解决能力。

3. 人本主义教育理论

人本主义教育理论关注个体的自我实现和全面发展。

在体育教学中,教师应充分尊重学生的个人兴趣、情感需求和自我价值实现,创造一个充满支持、鼓励与尊重的学习环境。这要求教师不仅要关注学生的运动表现,还要倾听他们的声音,理解他们的感受,通过情感交流激发学生的内在动力,帮助他们在体育活动中找到自我认同和成就感。

二、运动学理论

(一)体能训练理论

体能训练作为一门新兴学科,国际上对其定义仍在探索中,尚未统一。我国学者认为,体能训练旨在通过科学方法和手段,全面提高个体生理机能、代谢水平及运动素质,以优化运动表现。

高校体育教学实践过程中,体能训练专注于改善学生身体形态,提升器官系统机能,结合专项需求发展运动素质,促进成绩提升。体能训练是运动训练的基础,无论哪项运动,均需从体能训练入手,针对专项需求发展体能,以合理训练手段和适度负荷构建体能基础,预防运动损伤和运动疾病。

结合体能训练理论的基本内容,体育教师在高校体育教学中应重点关注以下几点内容。

1. 发展体能,应全面促进、突出重点

在高校体育教育的广阔领域里,无论体育教师指导的是哪一项运动项目,均要求运动员具备一定的体能基础,这涵盖了力量、耐力、速度以及柔韧等多个维度。因此,在体能训练的初始阶段,青年学子应当致力于全面强化自身的体能素质,为后续的专项训练铺设稳固的基石。在此基础上,再紧密围绕专项运动的具体需求,开展具有针对性的体能训练。这种做法旨在确保学生体能素质的均衡发展,同时满足专项运动对特定体能素质的特定要求。

2. 注重体育运动项目的实战训练

在高校体育教育的实践中,体能训练的价值不仅限于身体素质的提升,更在于运动技能的发展以及技战术运用水平的提高。因此,大学生在进行体能训练时,应当紧密结合技战术的要求,精心规划训练的内容、强度以及时间等因素。借助科学的训练方法和手段,实现体能训练与专项技战术发展的深度融合,从而快速提升自己的专项运动竞技水平。

3. 合理安排体能训练的内容比例

在体能训练的过程中,体育教师需承担起引导学生平衡一般体能训练和专项体能训练比例的重任。一般体能训练作为专项体能发展的基础,对专项运动水平的提升具有至关重要的作用。只有在一般体能得到充分发展的前提下,专项体能水平的提升才有可能实现。因此,大学生在体能训练过程中,应当依据自身的身体条件和专项运动的需求,科学合理地安排两种体能训练的比例。

4. 科学评价体能训练的效果

在高校体育教育中,体育教师还需定期对学生的身体运动能力进行测量与评价。这一举措旨在全面了解学生的训练状况、进步程度,以及与预期目标之间的差距。通过科学有效的测量手段,定期评估训练效果,教师可以精准识别出学生体能训练的薄弱环节,并提出相应的改进措施。这不仅能够确保体能训练的科学性和针对性,还能够为学生制订下一步的训练目标和计划提供有力的支持。

(二)超量恢复理论

在高校体育教学中,超量恢复原理是提升体育教学训练效果的关键所在。科学运用这一原理,能够极大提升训练效率,反之,若忽视其存在,训练成效往往大打折扣,难以取得实质性进步。

超量恢复原理的核心在于,两次训练之间的间歇期,人体会为了适应前一次训练而自动提升能力水平。若能精准捕捉这一时机,适时进行下一次训练,便能进一步强化这种适应性,进而推动体能素质的提升,使人体机能水平迈上新台阶。运动训练的本质,在于通过不断加大机体的运动负荷,以实现体能的提升。然而,在实际操作中,如何准确把握超量恢复的时间窗口,合理安排休息间隔,既确保训练任务的完成,又实现训练效果的最大化,无疑是训练中的一大挑战。

在高校体育教学中,教师应深入理解超量恢复原理,结合学生的实际情况,科学制订训练计划,合理安排训练与休息的间隔时间,以最大化训练效果,助力学生体能素质的全面提升。

三、生理学理论

(一)体育运动的生理本质

参与体育运动时,个体通过各种身体活动来达到目的。这些活动通过具体的身体刺激,改善机体的生理代谢和机能活动,进而促进生理机能、身体素质和感官反应的良性变化。

在体育运动实践中,身体会受到各种运动因素的激发,从而产生一系列生理与心理层面的适应性变化。这些适应性变化构成了实现体育运动健身效果的核心要素。

在体育教学活动中,教师在组织学生进行运动健身时,应当充分发挥并调动学生的身体器官与机能,以便他们能够顺利完成各类动作与技能的学习,从而实现生理层面的有效刺激。随着身体机能逐渐适应训练强度的提升,学生能够维持一个稳定的良好运动状态,并养成健康的运动习惯。经过一段时间的持续训练,身体会对运动产生积极的适应性反应。这一过程呈现出一种循序渐进的特点:身体首先接受科学、系统的负荷刺激,随后机体发生相应的适应性变化;当机体适应当前刺激后,再接受新的刺激,并再次发生适应性变化……如此循环往复,机体能够不断适应新的刺激,从而保持在一个健康的生理状态。

与此同时,运动所激发的生理兴奋性还能够促进个人情感的投入,并引发运动过程中内环境以及激素水平的变化,这些变化对学生的心理活动产生着深远的影响。运动健身所带来的丰富且积极的情感与心理体验,有助于学生维持一个健康的心理状态。

(二)体育运动的物质代谢和能量代谢

1. 体育运动的物质代谢

在高校体育教学中,学生参与体育运动,他们的生理活动的正常进行离不开物质(水、脂肪、蛋白质、无机盐、维生素)的营养供给、能量提供及参与调节。当个体进行体育运动健身时,身体的生理活动会增强,对生理物质的需求量和生理兴奋性也随之增加,以便更好地调动身体机能,促进体育活动的完成。

结合人体生理与运动所需的六大营养素,下面对机体在体育运动参与过程中的物质代谢情况作出简单分析。

(1)糖类是健身活动中不可或缺的供能物质,其代谢活动在健身时会加强,为机体提供充足的能量。脂肪则作为重要的能量储备,在健身过程中通过分解代谢为机体提供额外的能量。

(2)蛋白质及其含氮物质在人体内不断分解与再合成,为机体提供必需的氨基酸。这些氨基酸在消化液的作用下被分解,并在小肠被吸收进入血液,随后参与各种生理活动。

(3)无机盐,即矿物质,在细胞代谢中起着关键作用,是维持生命活动的基础。在健身过程中,随着生理活动的增加,机体对无机盐的需求量也会相应变化，若无机盐含量失衡，可能导致代谢紊乱和运动能力下降。

（4）维生素是人体必需的营养物质，参与多种生理活动。在健身过程中，保持维生素的良好需求水平至关重要，否则可能影响机体的正常代谢和运动能力的发挥。

（5）水作为"生命之源"对维持生命至关重要。在健身活动中，水主要通过出汗形式流失，当人体大量出汗时会导致机体失水，进而影响其运动能力和健康水平。因此，科学补水是体育运动期间不可忽视的重要环节。

2. 体育运动的能量代谢

在高校体育教学中，理解人体的供能系统对于科学安排大学生的体育健身活动至关重要。以下是人体三大供能系统的简要介绍。

（1）磷酸原系统（ATP-CP 系统）供能：ATP（三磷酸腺苷）和 CP（磷酸肌酸）是人体内的高能磷酸化合物，它们分解时释放的能量可供生理活动和运动所需。ATP 是人体可直接利用的能源，而 CP 则能释放能量以重新合成 ATP。尽管 CP 在人体内的储存量有限，但在极高强度的肌肉活动中，ATP-CP 系统能迅速提供能量。了解这一系统的特点有助于大学生在进行体育活动时科学安排训练，以最大限度利用机体能量，提高运动效果。

（2）糖酵解系统供能：糖酵解是肌糖原在无氧条件下分解供能的过程。当机体运动持续 10 秒以上且强度很大时，磷酸原系统无法满足能量需求，此时糖酵解系统开始发挥作用。但值得注意的是，糖酵解过程中会产生乳酸，这可能导致肌肉疲劳。因此，大学生在参与运动过程中，合理控制运动强度和时间，避免乳酸堆积过多，对于提高运动表现至关重要。

（3）有氧氧化系统供能：当机体参与运动且氧摄入充足时，糖、脂肪和蛋白质都可以进行有氧氧化分解，提供运动所需的能量。其中，糖的有氧代谢能释放大量能量；脂肪则是重要的热能来源，尤其在长时间、中低强度的运动中，脂肪供能更为显著；而蛋白质作为供能原料的情况较少，主要在极端情况下才会发生。了解有氧氧化系统的特点有助于大学生科学安排健身活动，如选择适当的运动强度和时间，以充分利用脂肪供能，节省糖原，提高运动效率的同时，还能降低身体的体脂率。

四、心理学理论

心理学专注于探究人类心理活动的规律与形式,故在体育教学的实施过程中,教师应当遵循心理学的科学原理,根据学生的心理特征和变化规律,对他们施加积极的影响。依据心理学的视角,学生的学习历程同样被视为一种心理活动的体现。

(一)体育运动的心理影响因素

个体的心理活动和心理过程对体育运动行为具有深远影响。这些心理因素不仅塑造了个体的心理状态,还直接引导着他们的运动行为。

(1)动机是推动个体参与运动的内在动力。它不仅能引发个体的体育活动,还能为其指明方向并维持其持续进行。了解个体的运动动机,如兴趣、目标等,对于激发和维持其健身热情至关重要。通过选择符合个体兴趣的运动项目、科学安排训练时间和强度,以及增加健身的趣味性和社交性,可以有效诱导和强化个体的运动动机,从而促进其积极参与并坚持终身体育健身。

(2)情绪是影响个体心理活动和行为的重要因素。积极情绪能够提升个体的记忆和认知能力,从而增强其运动效果。体育活动本身也能带来愉悦感,有助于缓解不良情绪。在运动过程中,个体应学会调节情绪,避免情绪低落导致的注意力不集中和潜在的运动损伤。

(3)注意力是个体心理活动对特定对象的集中和指向。长期科学参与体育健身可以增强个体的注意力。同时,良好的注意力有助于个体更准确地完成健身动作和技能。因此,在运动过程中,个体应努力保持注意力集中,以提高运动效果。

(4)意志力是个体为实现目标而克服困难的心理过程。在运动过程中,良好的意志力有助于个体坚持完成健身任务,克服运动疲劳和消极情绪。同时,长期坚持健身也能锻炼个体的意志力,使其在面对其他挑战时更加坚韧不拔。因此,运动不仅是强健身体的过程,也是心理素质的改善过程。

综上所述,高校体育教学应充分考虑学生的心理因素,通过科学的方法和策略激发其运动动机、提升其认知能力、调节其情绪、增强其注意力和意志力,从而引导学生积极参与并坚持体育活动。

（二）认知心理学理论

认知心理学流派致力于探讨学生在学习过程中涉及的各种心理现象，该领域的杰出人物包括皮亚杰、奥苏贝尔和布鲁纳。他们的研究聚焦于以下几个核心方面。

（1）思维活动及其过程。关注学生在学习时如何运用思维，以及思维的具体表现形式和流程。

（2）心理活动顺序与教材逻辑。探究学生的心理活动发展顺序如何与教材的逻辑结构相匹配和相互作用。

（3）认知结构与知识结构。分析学生的认知结构如何与教材的知识体系建立联系，以及两者之间的相互影响。

（4）认知策略与学习模式。研究学生采用何种认知策略来有效学习，以及这些策略如何影响他们的学习方式。

（5）身心发展与教材的适应性。考查学生在不同认知发展阶段中，其身心特点如何与教材内容相协调，以促进最佳学习效果。

个体的认知能力对其理解和参与体育运动具有重要影响。科学、系统的体育运动能够提升个体的智力水平，包括记忆、注意、思维和反应能力等。同时，良好的认知能力有助于个体更深入地理解训练原理、运动规律和技术特点，从而优化其运动表现。

因此，在体育教学中，教师指导学生参与体育运动健身时，应充分考虑其认知水平，以科学的方式引导其参与体育活动。教师应注意大学生的这些认知特征，分析其认知需要。

五、体育管理学理论

体育管理是一门专注于体育系统运作与发展的学科，其核心在于如何高效协调人力、财力、物力等资源，以达到最佳的运行效率和效益。在高等教育机构中，这一理念被具体应用于高校体育管理，它涵盖了体育项目和设施的规划、组织、实施与监管等多个方面。

高校体育管理不仅关乎体育活动的安排与指导，还涉及体育生的选拔与培养，以及体育设施的维护与更新。其目的在于增强学生的体质，提升运动技能，培养团队合作精神与竞争意识，为学生的全面发展提供助力。同时，它也为学校的整体教育教学工作提供坚实的支撑。

第一章 高校体育教学概论

在实施高校体育管理时,需注重整体规划与协调,确保设施建设、教育培训、比赛组织等各个环节的顺畅运行。通过系统性的管理,可以显著提升体育工作的效率与质量,更好地满足师生的体育需求。

课外群体活动作为高校体育管理的重要组成部分,通过组织体育俱乐部、社团及校内比赛等活动,不仅丰富了学生的校园生活,还为他们提供了锻炼与交流的平台。这些活动对于培养学生的组织能力、沟通能力和创新能力具有积极作用。因此,高校体育管理应高度重视课外群体活动的组织与管理,为学生提供更多元化的发展机会。

在目标管理系统方面,高校体育管理须加强制度管理,确保各项任务有序进行。这包括制定科学合理的规章制度,明确管理人员的职责,以及体育设施的使用与维护标准。

此外,合理利用评价也是高校体育管理的重要环节。通过设定科学的评价指标,及时反馈学生的表现与进步情况,并给予适当的激励,可以强化学生的自信心和动力。同时,根据评价结果进行管理调整,如提供个别辅导、加强协作训练等,以促进学生的全面发展。

第二章 高校体育教学现状分析与改革优化

高等教育体系中,体育教学不仅是塑造学生强健体魄的关键环节,还深刻影响着学生的心理素质构建、社交技能的培养,以及终身体育观念的形成。在当今社会快速发展的背景下,伴随着教育理念的不断革新,高校体育教学正遭遇一系列前所未有的挑战与困境。这些挑战既包括教学内容与方法的滞后,也涉及教学资源的分配不均,还有对学生个性化需求的忽视等问题。为了应对这些挑战,通过实施一系列改革与优化举措显得尤为迫切。通过有效、有针对性的措施的落地实施,旨在有效地促进学生身心的健康发展,为培养具备全面素质、能够适应未来社会需求的优秀人才奠定牢固的基础。

第一节 高校体育教学现状与问题分析

一、高校体育教学发展现状

(一)体育教学课程设置现状

早在 2002 年,教育部就在印发的《全国普通高等学校体育课程教学指导纲要》通知中指出,体育课程是学校课程体系的重要组成部分;是高等学校体育工作的中心环节。[1] 我国高校目前体育课程规划明确,即高校体育课程区分为必修与选修两大类别。在大学的前两个学年,

---

[1] 教育部关于印发《全国普通高等学校体育课程教学指导纲要》的通知 — 中华人民共和国教育部政府门户网站 [EB/OL]. http://www.moe.gov.cn/s78/A17/twys_left/moe_938/moe_792/s3273/201001/t20100128_80824.html.

第二章　高校体育教学现状分析与改革优化

体育必修课程的安排具有强制性,须贯穿四个学期,确保学生累计完成144个学时。若学生在必修体育课程中的表现未能达标,将对其毕业资格及学位获取产生不利影响。①

现今,我国高等教育机构的体育课程布局包含两种主要形式:一是为大一年级学生设计体育基础课程,大二则转变为选修课程;另一种则是大一至大二全程实行体育选项课程,大三及以后则转为选修课程。这样的课程安排旨在满足《全国普通高等学校体育课程教学指导纲要》中提出的学生须"熟练掌握两项以上体育运动的基本方法和技能"的目标。②

(二)体育教学内容选择现状

当前,我国各高校正积极推进体育课程内容的革新,旨在凸显体育的健身与休闲价值。面对主要由00后构成的大学生群体,他们思维活跃、兴趣多元,高校据此特点,灵活设置了丰富多样的选修与必修体育课程。男生多倾向于对抗性运动,女生则偏爱塑形锻炼,高校精准捕捉学生兴趣,鼓励学生根据个人喜好选课,取得了良好的体育教学成效。

在体育课堂上,实施有针对性的教学策略能显著提升学生的学习效果。课程内容的规划紧密结合学生的专业背景,比如,针对动手能力要求高的工科学生,特别是土木工程专业常在工地作业的特点,体育教学着重加强学生的上肢与下肢力量训练,以防工作中出现健康问题。但不得不承认,我国大部分高校的体育教学内容在与学生专业的结合上有所不足,这也许是未来改革优化的目标之一。

(三)体育教学模式开展现状

在《全国普通高等学校体育课程教学指导纲要》指导下,我国大部分高校对体育教学体系进行了显著革新,摒弃了传统的自然班级授课方式。此举让学生基于个人能力和兴趣,自由选择体育课程及上课时段,极大提升了体育教学的灵活性和多元性。

当前,我国高校现行的体育教学模式涵盖自然班制、俱乐部式、选修

---

① 秦洁琼.高校体育教学现状及改革的几点建议[J].佳木斯职业学院学报,2016(4):334.
② 郑军.高校体育教学现状及改革建议分析[J].吉林农业科技学院学报.2017,26(4):119.

课程制,及分层次教学等。其中,选修课程制最为普遍,俱乐部式紧随其后,而自然班制虽仍占20%以上比例,但改革空间明显。①

由此可见,高校体育教学模式的优化仍在进行时,选修课程与俱乐部模式因其更广泛的适应性,更切合体育教学深化变革的需求。

(四)体育教学方法实施现状

体育教学方法是体育教育工作者为实现教学目标、有效执行教学任务,经过深思熟虑挑选出的、富含技巧性的教学手段。体育教师在实际教学活动中,应不断深化研究,探索多样化的教学方法,并依据学生个性特点灵活调整运用。高效的教学方法应当能够显著强化师生间的互动与交流,让学生深切感受到体育运动的乐趣。

在体育教学过程中,教师常采用的教学方法涵盖:讲解法、示范法、互动式学习、比赛法等。其中,讲解法尤为常见,被许多高校体育教师频繁采纳,这反映出体育教师在教学方法上的创新力度有待加强,仍较为依赖传统的教学方式。这种方式存在明显的不足,它削弱了学生在教学过程中的主体地位,不利于激发学生的创造性思维。同时,也有一部分教师倾向于采用示范法、分阶段教学法进行教学,这些教学策略相对保守,对于男生和女生,教师往往采用统一的教学方法,很少能够针对学生的个体差异进行个性化教学。

(五)体育教学资源配置现状

1. 体育教学器材配置

体育教学器材方面,虽然国家和各高校加大了对体育教育的支持力度,投入了大量资金进行器材配备,但器材的更新和维护仍面临挑战。调查显示,多数高校的体育器材已使用多年,存在老化、损坏等问题,影响了学生的正常使用。同时,由于学生数量众多,器材使用频繁,维护难度较大。特别是羽毛球、网球等易损器材,更是供不应求。

此外,学生对不同体育项目的个性化需求与学校器材建设之间存在一定的矛盾。校方在器材采购和更新时,缺乏对学生需求的深入了解,

---

① 郑军.高校体育教学现状及改革建议分析[J].吉林农业科技学院学报. 2017,26(4):119.

导致部分热门项目器材短缺,而冷门项目器材闲置。这不仅影响了学生的运动体验,也浪费了体育教学资源。

因此,为了提升体育教学的质量和效果,高校应加强对体育教学场地和器材的规划与管理。国家教育部门也应加强对高校体育建设的宏观调控与指导,推动高校体育事业的快速发展。通过政策引导、资金支持等方式,鼓励高校加强体育教学设施建设。

2. 体育教学场地建设

在我国高等教育体系中,体育教学作为培养学生身心健康、提升综合素质的重要环节,其场地建设情况直接影响着体育教学的质量和效果。

就体育教学场地数量和规模来看,我国普通高校普遍面临着数量不足、规模偏小的难题。由于资金限制,许多学校难以承担建设大型、现代化运动场地的费用,如标准的网球场、游泳池等。这导致学生大多只能接触到传统的小型体育运动项目,难以接触更多先进、新颖的体育项目,从而限制了他们体育兴趣的拓展和体育技能的提升。

从体育教学场地的使用功能来看,我国高校现有场馆的功能往往较为单一,缺乏综合性的运动场馆,难以满足学生多样化的运动需求。尽管近年来,随着国家对体育教育的重视和投入的增加,各高校的运动场馆建设得到了显著改善,器材配备也更加完善,但与学生日益增长的运动需求相比,场馆建设仍显滞后。

此外,在体育教学场地分配方面,各高校在运动场地的使用上也存在显著差异。篮球、田径等项目的场地使用频率较高,而足球场地则因占地面积大、维护成本高等原因,利用率相对较低,造成了资源的浪费。这反映出在场地规划和利用上,高校还需进一步优化策略,提高资源的使用效率。

(六)体育教学评价情况

体育教学评价,作为对体育教学工作过程和结果进行全面考量的一种价值判断与综合考评方式,是体育教学活动不可或缺的关键环节,对高校体育教学的发展具有深远影响。该评价体系涵盖了体育教师自评、互评、学生评价以及同行专家评议等多种形式,具备显著的反馈、调控与鉴定功能,对于激发高校学生的学习积极性具有积极作用。

在学生的体育考核方面,评价体系更加注重过程性,将学生的学习态度纳入其中,形成了全面的考评体系。而对于体育教师的教学活动考核,则多采用教师互评、学生匿名评价等多元化方式。这一系列举措逐步构建了一个科学、完善的评价体系,涵盖了教师的"教"与学生的"学"。

(七)体育教师队伍情况

从全国范围来看,我国高校公共体育教师的专业水平普遍存在一定的提升空间。部分教师并未接受过专业的体育教学培训,而是以体育研究生的身份直接步入教师队伍。

在体育教师群体中,多数教师都倾向于照搬教材的内容,教育理念保守,缺乏创新意识,长期来看表现为循规蹈矩,缺乏工作热情,更没有主动更新知识系统的行动,从而在一定程度上制约了体育教学的深入发展。因此,加强高校体育教师队伍建设,提升教师的执教能力,是当前亟待解决的问题。

二、高校体育教学中存在的问题

(一)课程体系结构单一

当前,我国高校的体育课程在架构方面仍有不足,其中最突出的问题是:对于体育人文知识以及与体育锻炼紧密相关的人体科学知识的传授未能给予足够的重视。

此种教学模式在时效性、针对性及长远规划方面存在一定的不足,往往过度集中于体育运动项目的具体技能与知识教学,致使课程内容显得繁复且庞杂。这种现状不仅难以有效满足大学生在体育锻炼上的实际需求,而且可能使学生在面对繁重的学业负担时感到迷茫与困扰,难以真正领略到体育带来的愉悦与益处。因此,有必要对现有的体育课程模式进行深入反思与优化,以期实现更加全面、有效的体育教学。

(二)教学内容较为封闭

当前我国普通高校在体育教学方面展现出了较为明显的封闭性特征,与社会体育活动的互动与交流显得相对匮乏。它主要体现为体育教学内容与社会生活的联系不够紧密,难以充分吸收和融入当下的时代信息。因此,在反映当前世界体育和科技的发展动态方面,高校体育教学显得力不从心。同时,它也很少关注未来社会对全面发展、高素质人才的需求变化。在具体的体育教学实践中,普通高校往往依据《全国普通高等学校体育课程教学指导纲要》来设置体育课程、分配课时,以及确定教学组织形式和教学评估标准等。这一统一化的体育教学方案,虽然在一定程度上确保了体育教学的规范性和统一性,但却难以与高校各自不同的发展状况相结合。它缺乏必要的调节机制和创新空间,使得体育教学难以充分适应不同高校的实际情况和特色需求。

因此,为了激发学生对体育课程的热情,提高他们的参与度,高校体育课程需要不断创新,引入更多新颖、有趣的教学内容,以满足学生对多样化和个性化体育体验的需求。同时,为了提升高校体育教学的质量和效果需要打破这种封闭性,加强与社会体育活动的互动与交流,还需要根据高校各自的发展状况和特色需求,对体育教学方案进行必要的调节和创新。

（三）体育教学方法陈旧

长期以来,我国高校的实践课教学方法大多停留在传统的框架内,如讲解与示范、完整动作与分解动作的教学、重复练习以及游戏和比赛等。许多新颖的教学方法和丰富的教学资源并未得到充分地运用和整合到教学实践中。[1]

具体来说,在体育教学实践中,体育教师创新思维不足,依然沿用着旧有的教学方法,并且教学流程也保持着固有的模式：先进行热身活动,接着是教师讲解动作要领,随后是学生的自主练习或自由活动时间,最后在课程结束时,教师会检查学生的学习成果,以评估学生对动作要领的掌握程度。这种传统的教学方法导致学生在学习过程中长期处于被动状态,教师与学生之间的互动和配合不够紧密。

这种现状不仅抑制了学生在学习过程中本应展现的热情,还遏制了学生的创造性思维,导致实际的教学效果未能达到预期的理想状态。

---

[1] 胡俭云,谭玉芳,曾白琳,徐军敏.高校体育教学的现状分析和课程改革思路[J].安徽体育科技,2009,30（3）:96.

（四）体育教学资源配置不合理

目前，我国高校体育教学资源在硬件配置方面，有了具体的改进措施，逐步向着更好的方向发展，但是又出现了新的问题。具体来说，高校体育教学存在与市场实际需求脱节的情况，这导致了资源分配上的不合理。随着外部环境的不断变化，体育市场的需求也在持续更新。为了确保体育人才培养的质量，并为学生未来的长远发展铺平道路，高校必须紧跟体育市场的实际需求，以科学、合理的方式分配体育教学资源。

（五）体育教学评价体系不完善

当前，体育教育的质量评价体系尚存不完善之处，这主要源于传统教育观念对综合评价体系的忽视，难以在短期内实现质的改变。在传统观念中，虽然教育方法与教学目的得到了应有的重视，但学生的综合素质和能力并未被真正视为衡量教学质量的核心标准。这一偏差导致了评价体系的片面性，未能全面反映体育教学的真实效果。

体育教学评价的方法大多局限于定量评价，定量评价侧重于具体的数字指标，因此，运动技能成绩往往成为唯一的考核标准，这无疑对那些在技能上表现不佳但态度积极、努力进取的学生造成了不公平。如果不及时调整会挫伤部分学生的运动兴趣和学习积极性。对于那些在运动技能上并不突出但渴望参与体育活动的学生来说，他们可能会因为单一评价标准而感到沮丧，甚至产生抵触情绪。这不仅不利于学生体育技能的提升，还可能对他们的身心健康造成负面影响。因此，完善体育教育的质量评价体系，构建更加全面、科学的评价机制，已成为当前亟待解决的问题。

（六）教师队伍教学能力亟待提升

我国高校体育教师的专业水平和教学能力均有较大的提升空间，主要体现在以下几个方面。

（1）教学观念的滞后性。随着素质教育理念的不断深化，高校体育教学正逐步迈向多元化、立体化的教学模式转型阶段，教学重点也随之转向培养学生的体育态度、兴趣及习惯的培养，同时，教学评价体系也更加注重对学生学习过程的全面考量，而非仅仅依赖于单一的运动成绩。在这一转型背景下，体育教师的角色定位、教学组织形式以及教学

第二章　高校体育教学现状分析与改革优化

方法等均需进行适时的调整与创新。遗憾的是,有部分体育教师坚守着陈旧、保守的教学观念,这无疑成为制约体育教学进步与发展的一大障碍。

（2）知识体系的非系统性。体育教师的专业素养及其所构建的知识体系,对于体育教学的质量以及课程的专业性具有至关重要的决定性影响,进而深刻地塑造着学生的能力发展。然而,就当前状况而言,我国众多体育教师的知识体系尚缺乏足够的系统性与完善性,这无疑对体育教学的深入发展构成了一定的挑战。一方面,其知识体系未能紧跟时代步伐,缺乏创新,缺乏与国际先进理念的交流与融合,导致在全球范围内处于相对落后的状态。另一方面,体育教师的文化基础相对薄弱,缺乏必要的人格修养、道德修养及人文素质,这在一定程度上影响了其作为教育者的角色定位。此外,部分体育教师的专业知识过于狭窄,仅限于特定的专业领域,缺乏跨学科的知识储备与广阔的视野,这无疑难以保证体育教学的质量与水平,也难以达到最佳的教学效果。

第二节　影响高校体育教学质量的主要因素

影响高校体育教学质量的因素繁多,学校为体育教学提供教学环境,教师、学生是体育教学的主体,因此,学校、教师、学生都是影响高校体育教学质量的最直接、最重要的影响因素,深入剖析这些因素,对于提升体育教学水平具有重要意义。

一、学校因素

（一）教学内容与课程设置

教学内容与课程设置是学校承担教学责任、发挥学校作用的最直观的体现。体育教学内容是否符合学生的实际需要,课程设置是否科学合理,能否激发学生的学习兴趣,都直接关系体育教学的效果。因此,高校应紧跟时代步伐,不断更新教学内容,优化课程设置,以满足学生多样化的学习需求。同时,还应注重培养学生的实践能力和创新精神,让他们在掌握体育技能的同时,也能学会如何运用所学知识解决实际问题。

(二)教学设施与器材配置

教学设施与器材配置的完善程度是影响体育教学质量的另一重要因素。各高校体育教学工作的实施,均离不开体育场地、器材及经费的重要支撑,这些物质资源的充足与否能够在一定程度上体现高校体育教学质量和教学水平。如果设施不完善,器材不充足,或者场地不适用,都会严重制约体育教学的开展,影响教学效果。

当学校的招生规模不断扩大时,若体育场地和器材无法及时满足实际体育教学的需求,那么体育教学的质量和水平发很可能会出现大幅下降。

为了确保学校因素发挥出应有的价值,各高校需要高度重视体育场地、器材及经费的投入和管理,通过多方努力,为体育教学工作提供坚实的物质保障。高校应加大对体育教学设施的投资力度,保证设施的完善性和器材的充足性,为体育教学提供有力的物质保障。体育场地设施的建设、体育器材的配备,以及场地设施的日常管理和维护,都需要得到足够的资金支持和校方领导、政府部门的深切关注。

此外,各高校还应积极寻求企业或个人赞助,以多渠道保障体育教学工作的顺利进行。

(三)学校管理制度

管理制度的健全与否也是影响体育教学质量的重要因素。高校的体育教学管理制度应能够为体育教学提供良好的支持和保障,确保教学活动的有序进行。

没有好的管理班子、管理制度,教学工作将举步维艰。校方领导作为学校教学工作的主导者,对体育教学工作的重视程度能够促进改善学校的管理制度,影响体育教学的实施。因此,高校应不断完善体育教学管理制度,加强对体育教学的管理和监督,确保教学质量的稳步提升。

具体来说,高校可通过以下措施优化学校制度管理。

(1)确立清晰的管理制度框架。为了保障体育教学的规范性和高效性,首要任务是制定一套明确的管理制度。这套制度应涵盖体育教学的各个方面,确保有章可循,有据可依,为体育教学的顺利开展奠定坚实基础。

（2）明确管理职责，提升体育教师的地位与归属感。为了提升体育教学管理的效率，首要任务是清晰界定各级人员在管理中的具体职责。与此同时，加强体育教师队伍建设，通过赋予体育教师在高校中更高的职权，来增强其职业归属感和责任感。这一举措不仅能够有效提升体育教学的质量，还能够进一步促进体育学科的繁荣发展。

（3）优化资金配置，改善体育教师待遇与科研条件。资金是支撑体育教学和科研活动的重要基石。因此，应合理规划资金分配，加大对体育教学和赛事的资金扶持力度，并相应提高体育教师的薪酬待遇。优厚的待遇不仅彰显了社会对体育学科的重视，还能够激发体育教师的工作积极性，促使他们更加专注于教学质量的提升。此外，增加科研经费的投入，有助于教师更新教学理念，推动教学活动的创新与发展。

（4）举办体育教学研讨会与专业培训。为了不断提升体育教师的专业素养和教学能力，应定期举办体育教学工作研讨会和体育教师专业培训活动。通过这些活动，教师可以获取先进的管理知识、专业技能和教学方法，拓宽自身的视野，提升教学能力，从而在实际教学中取得更加显著的成效。

（四）校园文化建设

随着教育机构的建立，一种独特的文化现象——校园特色文化随之兴起。它弥漫于校园的每一寸土地，贯穿于教育、研究、行政管理和各类活动中，以师生为活动主体，以社会先进文化为导向，以校园精神为基石，是师生长期共同努力创造的物质与精神财富的集中体现。校园特色文化可以细化为物质表现、制度规范、精神内涵及行为模式四大方面。

校园物质表现作为校园特色文化的根基，承载着校园文化的精髓，是不可或缺的前提，体现了学校的办学宗旨、教育政策、道德观念、校风和学风等。它包括了校园的自然景观、科研设施、文体科技活动等。制度规范层面则确保了校园文化能够有序发展，规定了学校成员的行为准则，如校规、校纪、公约和习俗等。

校园精神内涵是校园特色文化的核心，凝聚了校领导与师生的共同价值观、道德风尚，涵盖了学校的愿景、精神面貌、校风和学风、教育理念等。而行为模式层面则聚焦于以教学活动为中心的各种行为方式。

校园特色文化是一个紧密相联的整体，其建设工作是高等教育建设的重要组成部分,其成效直接影响到学校的教学水平和教育质量。

二、教师因素

（一）教师个人素质

教师素质在体育教学中扮演着至关重要的角色,是衡量体育教学质量的决定性因素。作为教学活动的领航者,教师的专业素养、教学能力、教学态度及其所采用的教学方法和手段,均对体育教学的整个过程产生深远影响。优秀的体育教师,不仅要具备扎实的体育理论知识,还需拥有丰富的实践经验,能够灵活施教,激发学生兴趣,引导学生主动投身于体育活动。同时,高度的责任心和敬业精神也是教师不可或缺的素质,它们通过教师的教学态度潜移默化地影响着学生,培养其正确的体育观念。

然而,当前阶段,体育教师的整体素质仍需进一步提升,这在某种程度上成为体育教学质量保证的一大瓶颈。教师的素质涵盖知识、能力及职业道德三大核心构成部分。构建一支专业知识扎实、技能全面覆盖、科研成果显著、职业道德高尚且满怀体育教育热情的体育教师团队,是确保实现卓越教学效果、培育满足社会需求的多元化体育人才的关键所在。据相关研究揭示,教学要求、业务水平、教学态度及方法等因素,均为影响体育教学质量的重要因素。其中,教学态度与教学要求归属于职业道德范畴,而业务水平与教学方法则与教师的专业知识及能力紧密相连。这些因素相辅相成,共同推动着教学任务的圆满完成。

（二）教师教学能力

体育教师的教学能力直接决定着体育教学的质量。体育教学不仅仅局限于引导学生进行体育锻炼,更涵盖了运动技能的传授、体育兴趣的培养、身体素质的提高、身心健康的促进以及团队精神和公平竞争意识的塑造等多个方面。以下从几个方面详细阐述了教师教学能力对体育教学质量的具体影响。

1. 专业知识与技能

体育教师必须拥有深厚的体育理论功底和精湛的运动技能。这是

第二章　高校体育教学现状分析与改革优化

他们正确示范各类动作、精确讲解技术细节的基础,也是帮助学生迅速掌握运动技能的关键。具备扎实的专业知识和技能,体育教师能够更有效地指导学生进行体育锻炼,提升他们的运动水平。

2. 教学方法与策略

在教学过程中,教师应灵活运用多样化的教学方法,以满足不同学生的学习需求和兴趣。同时,体育教师应持续探索并革新教学方法,力求提升教学质量。在理论传授与技能培养过程中,他们应运用多样化的教学策略(诸如启发式、讨论式等),充分激发学生的主动性与创造力。

例如,分层教学可以根据学生的能力水平进行分组,确保每个学生都能以适合自己的难度进行学习;游戏化教学通过融入游戏元素,激发学生的学习兴趣和参与度;合作学习则鼓励学生之间的团队协作,培养他们的集体意识和合作精神。这些教学方法和策略的运用,能够显著提高体育教学的效果,使学生更加积极地参与体育活动。

以北京体育大学为例,北京体育大学创造了许多深受学生欢迎的教学方法,如武术教研室根据"突出拳种、优化套路、强调应用、弘扬文化"的教学方法改革思路;体操教学中总结出了"要素合成法"等行之有效的教学方法。[①]

3. 教学技术与手段

随着时代的演进和社会的发展,现代教育技术手段正逐步渗透至高校教学之中,成为备受学生欢迎的教学辅助工具,有助于师生高效地实现教学目标。传统的以粉笔、黑板和教师口头讲解为主导的教学模式已难以顺应时代的需求,难以充分吸引学生的兴趣,甚至可能抑制学生的个性发展和创造力的培养,导致思维模式的僵化。在高等教育大众化的背景下,学生数量显著增长,而教学资源的更新速度却相对滞后,这使得传统教学手段难以满足日益增长的教学需求。

采用先进且有效的教学技术与手段,能够显著提升教学的效率与质量。在信息化时代背景下,多媒体技术已深深融入人们的日常生活和校园教学之中,为教育提供了一种交互性强、表现力丰富的新型媒介。

[①] 林顺英.论普通高校体育教育本科专业教学质量保障[D].福州:福建师范大学,2008:85.

在体育教学中,可以充分利用多媒体技术,对高难度的技术动作进行整理、编辑,并制作成动画,配以简洁明了的文字说明,进行技术动作的深度剖析。这样不仅能够缩短教学时间,减轻教师的负担,还能帮助学生更加清晰地掌握技术要领,加速形成正确的动作概念。此外,多媒体技术还能够有效地缓解专业理论教学的单调乏味,通过图文并茂地展示运动形式、模拟运动技术,使学生在直观生动的环境中理解知识。总之,多媒体技术作为一种新颖、形象的教学工具,能够为学生营造一个生动的学习情境,激发学生的学习兴趣,拓展其思维,全面提升学生的综合素质,推动体育教学的顺利开展。

然而,由于思想认识上的局限、计算机知识水平有限等因素,许多体育教师在运用多媒体教学方面的能力尚存在不足,未能充分发挥其功能和价值。因此,体育教师应尽快提升自身的现代教育技术教学能力,加强技术学习,弥补自身的短板,从而有效改善教学效果。

(三)教师队伍建设

教师队伍的素质是确保教学质量的重要先决条件,其水平直接关乎学校教育教学的整体质量。构建一支高素质的教师队伍,对于提升人才培养质量具有举足轻重的作用。学校的声誉不仅体现在其规模上,更体现在其拥有一代又一代高水平的教师队伍上。只有拥有出色的教师,学校才能在竞争中立于不败之地。

在体育教育的范畴内,构建一支素质出众、结构均衡且富有革新精神的教师队伍,是确保体育教学质量的核心要素。体育教师作为体育教学活动的领航者,其稳定性与卓越性往往能够激发学生的求知热情,赢得学生的认同与尊重,进而有出色的体育教学成效。

然而,在开放的人才市场环境及快速演变的社会主义市场经济背景下,教师队伍的优化既迎来了新的机遇,也面临着诸多挑战。为了维系教学秩序的稳定与提升教学质量,确保教师队伍的充足与稳固至关重要。当前,受经商热潮、海外发展等因素的驱动,部分高校(特别是体育类院校)的教师选择离开体育教学岗位,转向其他行业,这对体育教师队伍的稳定性构成了严峻考验。为了留住优秀的教育人才,高校和相关部门应推出相应的吸引人才的策略,并提供有竞争力的条件。

在数量层面,多数体育院校采取了培养与引进并行、专职与外聘互补的策略,持续加速师资队伍的建设进程。随着教师队伍的扩充与数量的增长,师生比例已逐步得到优化,当前已基本达到了合理的1∶11的比例。在高等教育日益普及的今天,数量充足的教师队伍是保障教学质量的重要前提。

在结构层面,尽管当前部分体育院校存在教师职称结构失衡、博士学位教师占比偏低等问题,但总体而言,多数体育院校的教师队伍结构相对合理,为体育教学质量的提升提供了坚实的支撑。

三、学生因素

(一)大学生的一般内在因素

在体育教学中,学生的内在因素扮演着至关重要的角色。首先,学生的兴趣爱好是驱动其积极参与体育活动的重要动力,它直接影响着学生在体育课堂上的投入程度和学习热情。其次,学习动机也是影响体育教学效果的关键因素,明确的学习目标能够激励学生更加努力地投入体育锻炼。再次,学生的参与态度同样不容忽视,积极的参与态度能够促进师生之间的良性互动,提高课堂的学习氛围。最后,学习习惯也是影响体育教学效果的重要因素,良好的学习习惯有助于学生更好地掌握运动技能,提升身体素质。

综上所述,学生的兴趣爱好、学习动机、参与态度以及学习习惯等内在因素,都在无形中塑造着体育教学的效果。因此,教师在开展体育教学时,应充分考虑这些因素,因材施教,以激发学生的学习热情,提升体育教学的整体效果。

(二)体育专业学生生源质量

在高等教育体系中,生源质量作为人才培养的起点,直接关联到学校教学的最终成效及所培养人才的质量。随着高等教育步入大众化阶段,越来越多的学生,其中不乏知识基础和个人能力相对薄弱者,获得了进入大学深造的机会。这一现象导致新生入学时成绩差异显著,给教学管理带来了挑战。

对高校体育教学而言,无论体育专业还是非体育专业,招生环节作为人才培养的首要步骤,其重要性不言而喻。确保生源质量,是提升教学质量的前提和基础。

优质的生源为教育教学质量的提升可奠定坚实基础,而高质量的教学成果又能反过来吸引更多优质生源,二者之间形成了良性循环,相互促进,共同发展。

第三节　高校体育教学的改革优化策略

一、更新教学观念

在新时代的教育背景下,体育教师亟须更新自身的教学理念与教学策略,以适应学生多元化、个性化的学习需求。通过引入生动的教学案例和丰富的在线教育资源,教师可以有效地优化教学方法,营造活跃、互动的教学氛围,从而激发学生对体育理论知识的兴趣与关注。

在体育实践活动中,教师不仅要传授技能,还要注重理论知识与实践的结合,特别是培养学生的运动兴趣。通过强调理论知识的重要性,引导学生深入理解体育活动的内涵与规律,帮助他们建立科学、系统的体育知识体系。这样的教学方式不仅能够提升学生的专业素养,还能使他们在体育实践中获得更加有趣、有内涵的体验。

教师可以通过设计富有创意的教学环节,如案例分析、在线互动讨论等,让学生在轻松愉快的氛围中学习体育理论知识。同时,在体育实践课上,教师可以结合理论知识,引导学生进行科学的训练与比赛,让他们在实践中感受到体育的魅力与价值。总之,通过更新、调整教学观念,体育教师将能够为学生提供更加科学、有趣、有深度的体育学习体验。

二、丰富体育教学内容

高校体育教学的内容是体育教学的载体,对教学内容的改革和优化,能显著提高教学质量。适度提升体育活动的难度,并巧妙融入综合性的体育项目,如将短跑技巧与足球的运球、移动技巧相结合,能快速优化现有的教学内容。

第二章 高校体育教学现状分析与改革优化

在体育课程的选择上,教师应当充分顾及学生的兴趣偏好,引进诸如游泳、网球、乒乓球等广受学生欢迎的运动项目,并同时增设射击、健美操、武术、攀岩等具有特色的课程,以提供给学生更为丰富多样的选择范围。学生可以根据自己的兴趣所在自由挑选心仪的课程,并且还能自主选择任课教师及上课时间。这种灵活多样的选课机制,能够有效激发学生对体育锻炼的热情与兴趣,进而通过积极参与体育运动,实现个人综合素质的全面提升与发展。[①]

综上所述,高校体育教学应紧跟时代步伐,不断创新教学内容,以满足学生的个性化需求,为培养全面发展的高素质人才贡献力量。

三、创新教学方法

将体育理论以创新方式与实践课相结合,是一种最直接的对体育教学方法的优化方式。教师可以广泛整合各类教学资源,巧妙地将学生的日常生活经验与体育理论相融合,凸显其实际应用价值。针对男生群体对体育竞技的浓厚兴趣,可以侧重于深度剖析比赛规则及裁判制度,通过实例解析和模拟演练,加深他们对竞技运动内在逻辑与规范的理解,从而强化他们的认知深度。

而对于女生,则应侧重于健身与健美的理论知识传授,结合她们追求健康美丽的实际需求,提供个性化的指导方案,帮助她们设定并达到健康的体育目标。在这一过程中,教师应不断强调体育理论在日常生活中的应用实例,如如何通过科学锻炼改善体态、提升体能等,以此激发学生的内在学习动力,使她们深刻体会到体育理论学习的实用性和趣味性。

总之,通过理论与实践的巧妙结合,教师不仅能够有效提升学生的体育理论素养,还能激发他们的学习热情,使体育理论教学更加贴近学生实际,实现知识与生活的无缝对接。

---

① 董晓琪,陈绍卓.高校体育教学现状分析及课程改革思路研究[J].当代体育科技,2019,9(11):1.

四、优化评价机制

高校体育教学的评价体系须持续进行调整,以符合当前教学的实际情况。首先在于淡化选拔与甄别的色彩,其次应聚焦于激发学生的运动潜能与促进其全面发展。为实现这一目标,评价内容需更加丰富多元,不仅涵盖传统的技能考核,还应加入学习态度、运动参与积极性、努力程度及进步情况等维度,以此全面衡量学生的体育成长。

教师应扮演好引路人的角色,在日常教学中引导学生树立合理的运动目标,培养其自律意识,通过正面激励与个性化指导,不断点燃学生的学习热情,帮助他们逐步养成积极健康的运动习惯。另外,评价机制的构建应追求多元化与全面性,将总结性评价、过程性评价与诊断性评价有机结合,打破以往单一依赖期末考试、书面测试或口头问答的传统模式,转而重视对学生学习过程的持续跟踪与评估,确保评价方式的科学性与公正性。[①]

第四节 高校体育教师业务能力的提升

随着社会的不断发展,在体育教育的实践环节,体育教师的角色价值日益凸显,而高校体育教师的专业技能与训练方法具有多面性,体育教师应通过日常教学活动与专业训练时间,严格自我要求,不断精进个人的业务能力,以不断提高体育教学质量。在高校体育教学实践中,要实现体育教师业务能力的提升,应重点从以下几方面入手。

---

① 徐典,李娜,向慧媛,等.教学诊断视阈下高校体育教师专业能力发展探究[J].体育世界(学术版),2019(1):185.

第二章　高校体育教学现状分析与改革优化

一、高校体育教师业务能力的自我提升

（一）提升思想认知

1. 深化政治学习和道德修养

教师的业务能力进步，离不开坚实的政治思想素质和道德修养作为根基。对于体育教师而言，深化政治学习，加强师德修养，是确保教育方向正确、思想认识端正的关键。

在此过程中，"教书育人、为人师表"的理念，成为体育教师不断追求知识、提升业务能力的源泉和动力。他们深知，只有通过不断学习，不断提高自身的专业素养和教学水平，才能更好地履行教师的职责，为学生的成长和发展贡献自己的力量。

总之，体育教师应当自觉注重自身思想政治素质和道德修养的提升，将其与业务能力的提高紧密结合起来，以更加饱满的热情和更加专业的态度，投身到教育事业中去，为学生的全面发展奠定坚实的思政基础。

2. 坚定教学理想和事业心

现代体育教师需具备崇高的教育理想与强烈事业心，这是提升教学能力的强大驱动力，也是持续进步的源泉。他们应安心于体育教学岗位，深化专业认知，全面理解体育的功能、目的及深远意义，不断强化事业心和责任感。

体育教师还应当秉持敬业爱生的态度，乐于奉献，不仅传授知识，更要以身作则，树立良好榜样，实现教书育人的目标。

教师可通过多样化途径精进业务能力，如参加培训、交流研讨等，力求成为一名专业素养过硬、教学能力突出的合格体育教师，为学生的体质健康与全面发展贡献力量。

（二）提升专业知识

对于体育教师还应主动加强专业知识的提升。夯实自身的体育基本理论及知识根基，是增强教师教学能力的根本所在。体育作为一门横跨自然科学与社会科学的综合性学科,其现代发展态势要求体育教师还应持续不断地提升自身的文化素养。文化素养与教学能力之间存在着相辅相成、相互支撑的关系。

体育教学的核心要义在于通过体育教学这一途径,对学生进行全面而深入的身心健康教育。因此,体育教师必须致力于不断优化自身的知识结构,拓宽知识视野,从而有利于更加深入地钻研体育理论知识。唯有如此,方能更为深刻地理解体育教学的本质所在,进而更加有效地指导学生进行科学合理的体育锻炼,促进其身心健康的全面发展。

具体而言,体育教师需不断拓展相关学科的理论知识,比如学习人体解剖学、生理学、运动训练学等基础理论,以及体育心理学、体育社会学等专业理论。同时,持续关注体育学科的最新研究成果和发展趋势,也是体育教师强化自身专业知识的重要途径,进而他们可以及时将新知识、新技术融入教学实践中。通过不断积累和实践,体育教师才能逐步提高自己的教学水平,更好地满足现代体育教育的需求,为学生的健康成长贡献自己的力量。

总之,体育教师只有不断学习和提升自己的基础与专业理论水平,才能更好地履行教育职责,为学生的全面发展提供有力保障。

(三)提升运动能力

体育教师的运动能力和技术水平,是确保体育课教学质量的另一基础要素。在教学环节中,直观的动作示范不可或缺,其质量高低直接影响着教学效果。

体育教师的运动能力和运动技能,既非普通人日常锻炼的普通体能,也非专业运动员竞技所需的特殊技能,而是一种独特的综合能力。它融合了规范化与专业性的要求,能够与教学、训练手段紧密融合,形成一套科学、系统的教育能力。这种能力确保了体育教师能够有效地指导学生进行体育锻炼,提升教学质量。

因此,体育教师应加强日常训练,以避免自身运动技能的退化,甚至应通过不懈努力,进一步精进和提升基本技术、技能的动作质量,同时加强体能训练,以便为学生呈现规范、优美的动作示范,从而加深他们对所学动作的直观理解和记忆。

对于一名优秀的体育教师而言,提升运动能力需要从各方面进行努力,除了体育专业内的相关理论和实践技能之外,体育教师还需具

第二章　高校体育教学现状分析与改革优化

备广博的知识储备,不断提升自己的综合素养。在教学时,应能精准把握教学重点,运用形象、生动的语言进行简洁明了的讲解,同时加强与学生的交流,了解当代年轻人的兴趣特点,对教师的自身成长也是一种鞭策。

（四）提升科研能力

体育科学研究是一个采用科学手段来深入探究体育核心规律的认识与实践相结合的过程。

为了推动体育教学的进步,提升教学与训练的质量,体育教师应积极参与科研活动,以不断增强自身在此领域的专业能力和素养。只有拥有了高超的专业能力和素养,才能迅速且高质量地产出研究成果;才能有效地将理论与实践相结合,更好地服务于教学与训练实践。具体而言,这些能力涵盖:有效搜集并整理文献资料,全面把握科研流程;熟练运用基本的科研方法;以及与同行协作开展研究并撰写学术论文的能力。[①]

（五）提升组织能力

作为体育教师,组织并开展校园体育竞赛活动是其职责范畴内不可或缺的一环。鉴于此,体育教师须努力提升自身的组织能力,以确保这些活动能够高效、有序地进行。

为了有效履行这一职责,体育教师必须不断深化对各类体育项目竞赛规则及裁判法的理解与研究。这不仅有助于确保比赛的公平性与专业性,也是提升体育教师专业素养的基础。同时,体育教师在竞赛的组织与编排能力上同样需精益求精。这包括但不限于赛事日程的合理规划、参赛队伍的妥善安排以及比赛场地的有效调配等,每一项都是确保赛事顺利进行的关键要素。

为此,体育教师需保持持续学习的态度,不断探索与钻研。通过参加专业培训、研读相关书籍及案例分析、与其他体育教师交流心得等方式,不断拓宽知识视野,优化技能结构。[②]

[①] 林仪煌.高校体育教师应具备的业务能力[J].上海体育学院学报,2000(S1):125.
[②] 鲍善柱.浅析高校体育教师业务能力锻炼和提高途径[J].科技信息(学术研究),2007(36):598.

体育教师提升体育竞赛组织能力的过程不仅是对体育教师个人能力的全面提升,更是对其教学能力的一种间接强化,因为良好的竞赛组织能力能够反过来促进体育课堂的教学效果,使学生在实践中更加深入地理解体育精神,增强团队协作能力。

总之,这些基本功的掌握,是评判一个体育教师是否称职的重要标准。只有具备这些能力,体育教师才能有效地引导学生参与体育活动,激发他们的运动兴趣,进而提升体育课的教学质量。

二、高校对体育教师业务能力提升的助力

提升体育教师的业务能力不仅是教师个人的责任,更需学校领导从高校改革与新型人才培养的战略视角出发,采取切实有效的措施,将提升体育教师业务能力作为核心工作来抓,以确保教学目标的顺利实现。

(一)重视体育教学,关注教师能力提升

在长期的应试教育理念中,体育常遭轻视,这一观念根深蒂固。随着素质教育改革的推进,尽管对此有所纠正,但其负面效应依然可见。需通过教育宣传,让大家明确当前形势与任务,深刻理解素质教育对体育教学观念、目标、内容、方法及评价体系的全面革新要求。为此,必须统一思想、达成共识,齐心协力,共同营造一个有利于体育教师提升专业技能、关注其改革实践探索进程的全方位、多层次的良好环境。

(二)制定规章制度,激励教师能力提升

为了有效提升体育教师的业务能力,高校须构建一套完善的制度框架,这包括但不限于专门的培养制度、进修学习制度、严格的督促检查制度以及社会实践参与制度。这些制度的建立旨在从多个维度为体育教师的专业成长提供坚实的支撑与保障。

在此基础上,高校还要进一步建立和完善激励机制,确保体育教师的业务能力提升得到应有的认可与奖励。具体而言,应将业务能力的提高情况作为教师教学工作业绩考核的重要评价指标之一,并将其与评先评优、职称评定以及进修机会的优先分配等紧密挂钩。通过这样的方式,我们可以充分激发体育教师参与业务能力提升活动的积极性与主动性,鼓励他们在日常教学中不断探索、勇于创新,从而不断提升自身的

专业素养和教学水平。

总之,通过构建制度体系与强化激励措施,高校能够为体育教师的业务能力提升提供有力的支持与保障,推动他们在教育事业的道路上不断前行。

(三)加强培训交流,推动教师能力提升

对于高校教师而言,继续教育和培训是教师把握学科最新趋势、提升业务能力的有效方法。

为了促进中青年体育教师的专业成长,高校应积极鼓励他们攻读在职研究生学位,以此来优化当前体育教师队伍的学历结构,为教育质量的提升奠定坚实基础。

高校还应加强与社区、体育运动队以及体育科研机构的合作与交流。通过多种形式的联合与合作,可以逐步建立起一批高质量的校外人才培养基地,并构建一个开放式的教育网络。这样的合作不仅有助于拓宽教师的视野,还能为他们提供更多的实践机会和学习资源。

此外,高校还应鼓励体育教师积极外出,参与校际间的交流互动,汲取其他高校在体育工作上的宝贵经验。应有计划地选派青年骨干教师参与社会实践,让他们在实践中得到锻炼和提升。再如,应定期安排校内的教学经验分享会,为教师搭建一个学习交流的平台,提供更多提升业务能力的机会,通过相互探讨,共同进步。

有条件的高校,应积极筹措专项资金,对于那些具有高级职务的体育教师以及学科带头人的后备人选,应提供更多的出国进修机会,鼓励他们参加国际交流和高级研讨班,以便及时掌握学科前沿的最新动态和知识。[①]

综上所述,通过培训、合作与实践等多种方式,我们可以有效地提升高校体育教师的业务能力,为他们提供更好的成长平台,进而推动整个体育教育事业的发展。

---

① 张春华,张纪林,陈智明.高校体育教师的业务能力分析及培养[J].河北建筑科技学院学报(社科版),2004(1):72.

第三章 体教融合理念下的高校体育教学改革研究

体教融合是一种将体育与教育进行深度结合的理念,其核心目的在于通过资源的有效整合,促进学生的全面发展。体教融合强调体育与教育的有机融合,旨在将体育教育正式纳入教育体系之中,让学生在掌握文化知识的同时,也能接受到系统且全面的体育训练。在实际操作中,体教融合的实施能为学生提供更加全面、优质的教育资源,可显著提升学生的身体素质,让学生能够在团队合作中培养默契,强化团队精神,在竞技中锻炼自己的竞争意识,积极促进他们未来的成长和发展。同时,体教融合还能够为国家培养更多优秀的竞技体育人才,有助于推动体育产业的繁荣发展,提升国家的整体竞技体育水平。

第一节 体教融合的内涵与意义

一、体教融合的内涵

(一)以"体育与教育的深度融合"为核心

在现代教育理念中,体育与教育的融合被视为一种创新模式,其核心在于将体育活动无缝融入学校教育体系之中。这一模式旨在确保学生在获取理论知识的同时,也能通过体育锻炼来增强体质,实现身心的全面发展。

第三章　体教融合理念下的高校体育教学改革研究

具体而言,体教融合不仅仅是一种理念上的倡导,更需要在实践中得到具体落实。为了实现这一目标,优化体育资源的配置显得尤为重要。学校应当加大对体育设施的投资力度,包括修建现代化的运动场地、购置先进的体育器材等,为学生提供一个安全、舒适且功能齐全的体育锻炼环境。这些举措不仅能够满足学生多样化的运动需求,还能有效提升体育教学的质量和效果。

(二)以"促进学生健康发展"为指导方针

新时代,体育强国理念深入人心,体育教育在我国教育体系中的地位显著提升,其价值也日益受到重视。然而,在推进体育与教育融合的过程中,我国仍面临诸多挑战,主要源于经验不足和缺乏明确指导,导致在设定融合目标、解决关键问题和资源配置上遇到困难。因此,体育改革的呼声日益高涨,亟须与时俱进,并期待政府出台相关政策,特别是强化对体育教育中文化学习部分的关注,以保障体教融合的深入实施。

在此背景下,我国教育决策部门确立了"促进学生健康发展"的新方针。为更有效地融合体育与教育,相关部门重新设计了更具针对性的文化学习与体育训练体系,对大学生而言,该体系更强调两者的协同作用。在此框架下,学生的全面发展不仅体现在体质上,更体现在思维与意志力的提升上,这正是体教融合的核心使命。

体教融合理念的引入,不仅为体育教育指明了新方向,还标志着体育教育变革的重要里程碑。更重要的是,它为我国"体育强国"建设奠定了坚实的人才基础,推动了体育事业的蓬勃发展。

(三)以"以体育人"为引领思想

体育在教育体系中扮演着不可或缺的角色,它不仅能够促进个体的身体健康,还能培育人的文化素养与认知能力。随着"体教融合"理念逐渐普及,它为新时代体育与教育的有机结合开辟了新路径,促进了现代人才身心的全面发展。这一整体性发展观强调了身体、心灵与文化之间的紧密联系与互补,其中"技术与道德双修"的理念尤为关键,主张体育训练与文化教育应并行不悖。

在"以体育人"的核心思想引领下,学生需注重身体各方面的发展与知识能力的提升,这与体教融合的终极目标高度契合。从体教融合的角度看,学校教育的目标是实现对人才的智育和体育的有机结合,培养出多才多艺、具备多方面能力的人才,他们将成为社会主义事业的中坚力量。

体育教育作为学校教育的重要组成部分,正逐渐与传统学术教育、艺术教育及思想政治教育相融合,转向"身体教育"模式。这表明体育、审美与品德教育在本质上紧密相连。体育教育凭借其独特的"身体教育"特性,成为身体、审美与道德教育的完美融合体。因此,"以体育人"理念为新时代学生提供了提升综合能力的新途径,进一步凸显了体育在学校教育中的核心地位。

（四）多种体育资源优化配置

体教融合是一种将体育与教育紧密结合的发展策略,其核心在于整合资源、优化结构并提升效益,以促进体育事业与教育事业的共同进步。在优化体育资源配置层面,体教融合具体提出了以下几项要求。

第一,强调资源整合,力求打破体育与教育之间的界限,实现资源的互通共享。学校可以充分利用自身的体育设施来开展体育教学和训练活动,而体育部门则可以借助学校的场地和人力资源来组织各类体育活动,实现资源的最大化利用。

第二,注重结构优化,旨在调整体育资源的布局,使其更加科学合理。这包括加强基础体育设施的建设,提升体育资源的普及率,以及优化体育项目的设置,以满足不同学生对体育活动的多元化需求。

第三,改进体育教学,通过引入多样化的体育课程和教学方法,激发学生的学习兴趣和积极性,使他们在享受运动乐趣的同时,也能不断提升自身的身体素质和运动技能。

第四,要求提高效益,即提高体育资源的使用效率,避免资源的闲置和浪费。通过实施科学的管理和运营模式,可以提高体育设施的使用率;同时,通过创新体育教学方法,可以提升体育课程的质量和教学效果,从而实现体育资源的高效利用。

（五）多部门协同管理

现阶段,我国逐步建立完善了由国务院办公厅、教育部和体育总局等12个中央部门组成的联合会议制度。该制度以学生的实际需求为出发点,遵循"统筹规划"和"协同进展"的原则,加大了顶层设计的力度,确保了中央政策的顺利执行。同时,通过持续优化责任机制,成功打破

第三章 体教融合理念下的高校体育教学改革研究

了过去"横向隔离、纵向分散"的局限,实现了体育与教育资源的有效整合。

这一系列举措不仅体现了我国学校体育管理在新时代的转变和进步,也彰显了我国对于体育与教育融合发展的高度重视。未来,随着相关政策的不断完善和深化,相信我国学校体育事业将迎来更加蓬勃的发展。

（六）多方共同参与治理

我国体育与教育领域的发展深受政府指导与支持的影响,这主要得益于政府部门凭借行政力量为体育和教育的融合提供了坚实的保障。政府的资源投入有效提升了学校体育活动的质量,从中央到地方政府,均针对学校体育教育及竞技体育人才培养制定了相应的管理措施,确保了学生与运动员的身心健康得到应有的关注。

然而,尽管政府在促进学生健康方面发挥了引导、支撑和评价的重要作用,但其作用范围仍存在局限性。因此,在新的时代背景下,"体教融合"理念倡导实施"多方共治"策略,为政府管理体育和教育领域创造了更加开放和包容的环境。这一策略构建了一个由政府主导、市场积极参与,并高度重视社会协同的综合治理结构。

在这一治理模式下,学校须承担起领导角色,积极鼓励社会组织参与学校体育活动的组织工作。同时,体育组织和俱乐部也应更加主动地与学校建立合作关系,为学生提供更多参与体育活动的机会。这种多方共同参与的治理方式,不仅丰富了学校的体育项目,还为培养新一代的体育精英提供了源源不断的动力。通过各方共同努力,我国体育与教育领域的发展将迈上新的台阶,为培养全面发展的优秀人才奠定坚实基础。

总之,体育与教育的深度融合是一个系统工程,需要学校、教师和学生等多方面的共同努力。通过优化体育资源配置和提高体育教学质量,我们可以为学生创造一个更加健康、积极的学习环境,助力他们成长为全面发展的优秀人才。

二、体教融合的意义

（一）促进学生全面发展

从培养全面发展的学生的角度来看,体教融合无疑是一项至关重要的举措。在传统的教育模式中,往往过于强调理论知识的传授,而忽视了对学生体育技能和健康生活方式的培养。然而,体教融合的出现打破了这一僵局,它强调将体育教育有机融入学校的教育体系,旨在通过体育教育这一载体,全面提升学生的综合素质。

1. 强化学生的身体素质

现代教育着重于学生的全面发展,体育教育在此过程中扮演着重要角色。尤其是在增强学生的体质、体能方面具有重要促进作用,这一点很好理解,不再赘述。

2. 培养学生的体育意识

在参与体育活动的过程中,学生不仅能够锻炼、强健体质,更能够学习到诸如团队合作、竞争意识、自我挑战等宝贵品质。这些品质不仅对于他们的学业生涯有着积极的促进作用,更为他们未来的社会生活和职业发展奠定坚实的基础。

以竞争意识为例,许多学生对于竞技体育的精神和价值缺乏深入了解。体育教育不仅是技能的传授,更是精神的塑造。通过观看世界杯足球比赛、NBA、CBA等赛事的视频,激发学生的运动热情,促使他们更加主动地参与体育活动,从而培养他们积极的人生态度。

以协作意识为例,篮球和足球等集体运动为例,这些运动不仅要求参与者具备良好的身体协调性,更强调团队合作的重要性。通过参与这些体育活动,学生能够深刻体会到集体合作的乐趣与价值,从而在实践中锻炼并提升自己的团队协作能力。因此,体育教育在促进学生全面发展方面,具有不可忽视的重要意义。

3. 提高学生的文化素养

在体教融合的背景下,体育不仅是锻炼身体的手段,更是文化交流的桥梁。世界各地都有着丰富多样的体育文化,它们承载着各自独特的文化背景和历史传承。通过参与和学习不同的体育项目,学生能够更好地理解和接触多样的文化和传统,进而拓宽自己的国际视野。

如击剑、跆拳道、网球等运动项目,学生在学习运动技能的同时,还能深入了解其背后的骑士文化、跆拳道礼仪、网球礼仪,以及不同运动项目背后的历史文化知识。这样的学习方式,不仅丰富了学生的学习体验,也促进了他们对多元文化的理解和尊重。

(二)传播体育文化

在体教融合的背景下,尽管许多学校和教师正致力于体育课程的改进,但体育文化的推广往往未能得到足够的重视。然而,体育与教育的结合为学校体育文化的弘扬开辟了新的途径。以北京冬奥会的成功举办为契机,学校可以积极宣传冰雪运动文化,通过介绍速度滑冰、花样滑冰、跳台滑雪、自由式滑雪和冰壶等精彩赛事,激发学生对冰雪运动的兴趣。同时,学校还可以讲述我国杰出冰雪运动员如杨扬、申雪、赵宏博等人的故事,以此增强学生的民族自豪感和归属感,为校园体育文化的建设注入新的活力。

(三)传承民族体育

随着体教融合的深入发展,健康生活方式的重要性日益凸显,人们愈发追求多样化的体育锻炼方式。抖空竹、太极拳、咏春拳等传统体育活动因其独特的魅力和健身效果,逐渐成为大众热衷的锻炼选择。在这一背景下,学校应当充分认识到这些传统体育活动的重要价值,并积极将其融入日常体育教学之中。

为实现这一目标,不少学校增设了太极拳、咏春拳、剑术等传统体育课程,供学生根据个人兴趣和需求自由选择。这样的课程设置,不仅为学生提供了一个深入了解和学习传统体育的平台,同时也能够丰富学校体育课程的内容,提升体育教学的整体质量和水平。通过体教融合,让传统体育活动在校园内焕发出新的生机与活力,为学生的身心健康和全面发展贡献力量。

(四)促进教育公平

体教融合在促进教育公平方面同样发挥着不可替代的作用。在我国,教育资源的不均衡分配一直是制约教育公平的重要因素之一。然而,体教融合通过将体育教育纳入普通教育体系,使得所有学生,无论他们的家庭背景、经济状况或地域差异如何,都能够享受到体育教育的机会。这一举措不仅有助于缩小教育差距,提高教育质量,更能够让学生在公平的环境中成长,培养他们的自信心和责任感,为他们未来的成功打下坚实的基础。

（五）培养体育后备人才

体教融合在培养体育后备人才方面也具有重要意义。在传统的体育人才培养模式中，往往存在着选材面窄、训练方式单一等问题，导致许多具有潜力的体育人才被埋没。

新时代，体教融合通过体育教育这一平台，让学生有机会发现自己的体育天赋和兴趣，从而为他们未来的发展，提供了更多的选择。这种人才培养模式不仅更加注重学生的个体差异和兴趣爱好，更能够激发他们的运动潜能，提高国家的体育竞技水平。

（六）推动体育产业发展

体教融合对于体育产业的发展也起到了积极的推动作用。随着体育教育的普及和提高，人们对体育的需求也在不断增加。这种需求的增长不仅体现在对体育运动的热爱和追求上，更体现在对体育相关产品和服务的需求上。因此，体教融合通过培养更多的体育爱好者和消费者，为体育产业的发展提供了广阔的市场空间。同时，随着体育产业的不断发展壮大，它也将成为推动经济增长的重要力量之一。

第二节 高校体育教学中体教融合互动的协同机理

探讨体育与教育融合互动的协同机理，其核心目的在于探索如何将体育教育与普通教育深度融合，以此促进学生的全方位成长，进而提升整个国民群体的综合素质。这一协同机理的构建，不仅是对传统教育模式的一次革新，更是对新时代人才培养需求的积极响应。以下是对该协同机理几个关键方面的详细阐述。

一、目标协同

在追求教育目标的过程中，体育教育与普通教育应当携手并进，共同确立一套全面而均衡的培养体系。这意味着，在强化学生体育技能训

第三章 体教融合理念下的高校体育教学改革研究

练的同时,我们不能忽视对其身心健康、道德品质以及社会责任感的培育。体育不仅能够锻炼学生的体魄,还能在团队合作、公平竞争等价值观的塑造上发挥重要作用。同样,普通教育中的文化知识学习、逻辑思维训练等,也是构建完整人格不可或缺的部分。因此,两者在目标上的协同,是实现学生全面发展的重要前提。

体育教育与普通教育的目标协同,旨在构建高效、富有活力的体育教学体系,这需要高校体育教学聚焦"教育""勤练"与"常赛"三个核心要素,以推动体育与教育深度融合、促进学生全面发展。

(一)以"教育"为核心,构建高质量课堂

1. 重视游戏化教学

在体育教学中,游戏不仅是娱乐的载体,更是教学的得力助手。体育教师应深刻理解游戏的教学辅助功能,巧妙地将游戏元素融入课堂,以激发学生的运动兴趣和热情。这要求体育教师不仅要熟悉各类游戏,更要具备将游戏与教学目标相结合的能力。

例如,可以设计"英雄挑战赛"等富有创意的游戏活动,让学生在角色扮演和团队合作中,既锻炼了体能,又培养了团队协作和解决问题的能力。同时,每个游戏都应设定明确的核心目标,确保教学活动有的放矢,实现教育与娱乐的双重效果。

2. 关注情景化教学

体育教师在设计课程内容时,应深入研究课程标准和教材的新变化,同时充分了解学生的学习状况,确保教学活动既符合教学要求,又能满足学生的实际需求。通过情景化教学,教师可以为学生营造一个真实或模拟的体育环境,让学生在情境中学习、实践和创新。

例如,在教授新动作时,教师可以先通过视频或现场演示,让学生形成初步的动作认知;然后,通过分组练习和相互纠正,确保学生掌握正确的动作技巧。此外,教师还应建立科学的评价体系,采用加权平均法、层次分析法等多元评估手段,对学生的表现进行全面、客观的评价。

3. 引入竞赛教学

在体教融合的框架下,体育课堂应着重设置竞赛环节。具体而言,可以实行"每月一赛"制度,并设立相应奖项以激励学生积极参与。整个竞赛过程遵循"参与—练习—创新—竞赛—放松"的良性循环。①

具体来说,在体育教学中,教师需不断参与教学培训、外出学习及同行间的交流互动,以此为基础,逐步构建具有个人或学校特色的教学竞赛体系,并提炼出相应的理论支撑。这一举措旨在通过竞赛活动激发学生的体育热情,提升他们的运动技能,同时,教师在这一过程中也能不断提升自身的教学素养,实现教学相长。

(二)以"勤练"为中心,丰富教学内容

1. 多样化课堂内容满足不同层次需求

为了满足不同层次学生的需求,体育教师应设计多样化的课堂内容。在介绍新动作时,教师应采用特定的教学策略,如分解动作、示范讲解、分步练习等,确保学生能够形成完整且准确的动作认识。同时,在实践过程中,教师还应及时纠正学生的错误动作,帮助他们建立正确的动作习惯。此外,教师还可以结合学生的实际情况,设计不同难度的练习任务,让每个学生都能在适合自己的难度下得到锻炼和提升。

2. 激励与培养并重以提升竞技能力

对于有特殊技能的学生,体育教师应给予更多的关注和培养。通过口头鼓励和实物奖励等方式,激发学生的竞技热情;同时,根据学生的特点和需求,设计个性化的训练计划和活动方案。例如,可以组织校际友谊赛、校内选拔赛等比赛活动,为学生提供展示自己才华的舞台;同时,通过专业的训练和指导,帮助学生提高竞技水平,为未来的比赛做好充分准备。

(三)以"常赛"为核心,创新社团教学

1. 赛训结合,推动改革

为了活跃社团活动并推动教学改革,体育教师应实施沉浸式的训练方法。按照"赛—训—赛"的循环模式,让学生在比赛中学习、在训练中

---

① 钟珉.体教融合视角下高校体育教学效应与机理研究[J].青少年体育,2022(11):104.

提升、再在比赛中检验。这种训练方法不仅有助于提高学生的竞技水平,还能培养他们的比赛经验和心理素质。同时,教师应确保比赛活动的细致、专注和责任感,引导学生积极参与、勇于挑战。

2. 线上线下融合,培养创新精神

在"互联网+"的新时代格局下,体育教师应充分利用线上教育模式,探索新媒体和自媒体在体育教学中的应用。通过线上活动和定制学习,培养学生的创新精神和团队协作意识。例如,可以组织线上体育知识竞赛、线上健身挑战赛等活动;同时,利用短视频平台分享体育教学经验和成功案例,激发学生的学习兴趣和参与热情。此外,教师还应注重线下的教学模式,结合流行趋势和现代元素完善课程设计,让学生在轻松愉快的氛围中学习体育知识、掌握运动技能。

3. 设置情境,提升学生体育素养

(1)通过团队合作学习、角色扮演等方式,让学生在情境中学习体育知识、掌握运动技能。

(2)通过团队合作和互动交流,培养学生的合作技能和整体学习素质。

(3)在指导学生循序渐进学习的过程中,教师应注重培养学生的阐述、交流和解决问题的能力。

(4)通过体育活动中的团队合作和竞争挑战,培养学生的社会责任感和集体荣誉感。①

二、内容协同

在课程内容的设计上,体育教育与普通教育应当相互渗透,形成互补效应。

(一)体育课程的多学科知识融入

体育课程可以融入更多科学原理、历史文化等元素,使体育活动不

---

① 钟珉.体教融合视角下高校体育教学效应与机理研究[J].青少年体育,2022(11):104.

仅仅是体力的比拼,更是智力与文化的展现。

从体育课程的角度来看,传统的体育教学往往侧重于体力训练和技能提升,而在体教融合的背景下,体育课程的内容被赋予了更多的内涵。教师可以尝试将科学原理、历史文化等元素融入体育教学,使体育活动有助于体力、智力与文化的综合能力的锻炼和提高。例如,在篮球教学中,教师不仅可以教授基本的运球、投篮技巧,还可以引导学生探讨篮球运动的力学原理,如球速、角度与投篮命中率之间的关系,以及如何通过调整身体姿势和力度来优化投篮效果。这样的教学方式不仅增强了学生的运动技能,还激发了他们对科学原理的兴趣和探索精神。

(二)普通教育课程的体育元素融入

普通教育课程也应当积极融入体育元素,鼓励学生通过体育实践来加深对理论知识的理解。在物理学课程中,教师可以利用物理学原理来分析运动中的力学现象,如摩擦力、重力等如何在体育项目中发挥作用。这种将理论知识与实际应用相结合的教学方式,能够让学生更加直观地理解物理概念,提高他们的学习兴趣和效果。同样,在历史课程中,教师可以从历史的角度探讨体育项目的起源与发展,讲述不同文化背景下体育活动的演变过程,以及它们对人类文明和社会进步的影响。这样的教学内容不仅能够拓宽学生的知识面,还能培养他们的跨文化交流能力和历史思维。

三、资源协同

在资源分配上,体育教育与普通教育应打破界限,实现师资、场地、器材等资源的共享。通过优化资源配置,不仅可以有效缓解教育资源紧张的问题,还能促进不同学科教师之间的交流与合作,激发教学创新。

(一)强调"合"字整合资源

首先,要深刻理解"融合、聚合、统合"思想对"以体育人"范畴的核心价值,并强调资源的整合。具体而言,可以利用大学、社区等现有的体育设施、运动场地及训练设施,旨在为高校学生及特长生提供优质的服务,同时周期性地向公众、社区居民开放,实现资源的最大化利用。

其次,高校可邀请专业竞技体育(如田径、球类等)的运动员、教练员来学校交流,通过定期举办培训、研讨活动,加强社会体育资源的开发与利用,确保为学生提供更加丰富的体育学习资源,开阔他们的眼见,提升其学习热情。这样不仅可以提升资源的利用效率,还能构建出全面、突出特色的教育新模式。

最后,聚焦赛事整合。在赛事策略中,应根据不同学生的心理需求,按"基础、强化、提升"三个阶段实施"鼓励、引导、帮助"三种方法,形成分层次、分类别的教学训练策略。同时,合并各种赛事,创建体育赛事指导体系,并根据学生的特点和需求,在赛事前后为其提供心理辅导。

(二)专注"特"字进行深化

在资源协同的基础上,需要专注"特"字,进行深化。具体而言,可以推进有特色的层次培养。

1. 构筑"1+3+N"教学框架

"1+3+N"框架中的"1"意味着在高校构建一个体育与教育的交汇点;"3"代表培训中的"三大支柱"——集中住宿、集中练习、集中学习;"N"则强调与社区、政府部门、商业单位的合作伙伴关系,设计模块化、多途径、系统化的人才培养方案,确保学与练同步进行。在此过程中,高校须考虑资金、人员安排、执行策略等要素,保障训练场所和器材达标,突出培训与实践的紧密结合,确保资源得到最大化利用,保证训练高效执行。[1]

2. 革新体育特长班模式

为了制定特点突出的培养策略,可以以高水平策划为核心,组织领导团队和专项任务小组,并策划工作蓝图。强调流程规范,明确需求"名单",整合政策配合的"清单",专注于需求与供给的平衡,高效地匹配"名单"与"清单",确保各项职责的履行。同时,发布体育特长生培养报告,高效宣传成功案例,展现体育特长班的新风貌。

---

[1] 钟珉.体教融合视角下高校体育教学效应与机理研究[J].青少年体育,2022(11):105.

3. 打造品牌特色学校

在体育与教育交融的推动中,还可以按照"一校一特色""一校多特色"的方向,整合体育课程,打造有特色的学校。重视品牌的导向和基地的构建两大方向,展示体育在基层治理中的新贡献。通过关注品牌引导,围绕团队建设、志愿活动、工作小组,推动团队的品牌形象建设。同时,强调基地建设,融合大学生服务中心和体育场地等公共设施,创建体育训练中心,拓展特长生的活动空间。

(三)在"新"字上寻求创新

在资源协同的过程中,还需要在"新"字上寻求创新。

首先,在教学方法上,为深化体育和教育的结合,应注重培养全面素质,提供主题教学,鼓励外部专家进入课堂;组织读书会、实地教学,强化教学氛围;开设读书竞赛、学术交流活动,激发学习活力。除了保持传统授课方式外,还可以推出"实时微型课堂"等小型课程,通过小范围展现大趋势,达到通过局部见整体的目的。

其次,在技术化的教学途径上,现代体育教育不仅需要面对面教学,还需开展线上教学。通过充分运用技术优势,可以使课堂更为高效。基于教学的需要,关注身体培训与人文教育的结合,借助学习强国、腾讯会议、钉钉、ClassIn等工具,创建"云端课堂",优化"在线课程",制作"短时课程",为体育与教育的融合提供信息技术的推动力。

最后,在实用主义的推动策略上,可以精心策划课程反馈、评价、成果整理等关键环节的创新。利用技术手段进行评估,加强对体育与教育结合的各个阶段的评价。考虑引入"微型证书"作为一种培训成果鼓励方式,确保线上线下教学评估同步进行。以网络教育、信息资源共享为目标,打造高水平的优质课程和实践基地。同时,吸纳教育领域的先进经验与最新研究成果,如PPT设计、实践教学、翻转课堂等混合方式,推进"五合一"策略,确保体育与教育的融合更加高效、便捷和全面。[1]

---

[1] 钟珉.体教融合视角下高校体育教学效应与机理研究[J].青少年体育,2022(11):105.

四、管理协同

在管理体系的构建上,体育教育与普通教育需要建立更加紧密的合作机制,确保教育政策的连贯性和执行力。这包括制定一致的课程标准、教学评价体系以及学生综合素质评价体系,确保两者在培养目标、教学内容、教学方法上的协同一致。同时,加强教育行政部门的宏观调控,促进学校间、区域间的教育资源共享与合作,形成上下联动、内外结合的教育管理网络。通过高效的管理协同,可以确保各项教育政策得以顺利实施,为体育教育与普通教育的深度融合提供坚实的制度保障。

(一)协同理念下的教育核心价值探索

在体教融合的背景下,学校应首先树立协同治理的基本理念,将教育的核心价值置于首位。这一理念强调多方参与,通过调整课程结构、政策框架和训练方法,将培训目标从单一的"竞技体育才华"转变为"培养国家未来领导者和建设者"。

在实际操作中,学校应从"竞技优先"向"健康为首"转型,确立并实施"推动共享""整体进步""聚焦提升""全面教育"的教育方法。同时,以文明为基础,体育为核心,探索多种教育途径,坚守多元的教育方向。在教材编写、课程设计、训练方案、比赛组织等方面,学校应发挥引领作用,确保各项活动的协同效应。

在合作治理方式上,体教融合需要分步实施,逐渐完成。学校应因地制宜、稳步前进,既要接受体育和教育部门的指导与监督,解决复杂的协作项目问题,也要重视自身的中心地位,通过创新项目提高适应性。

此外,充分利用市场和社会力量是体教融合的关键。通过多方协作,发挥综合效应,确保体育与教育结合产生的效益大于二者的简单相加。这一过程中,学校应成为连接各方资源的桥梁,共同推动体教融合向更深层次发展。

(二)深化合作机制以共创教育新成果

在体教融合的背景下,深化合作机制、优化教育成果成为关键所在。以下是实现这一目标的几个重要方面。

首先,起步要高。学校需通过独特多样的体育与教育结合方式,促进体育教师和学生知识、技能和理论的全面提升。围绕"整合与发展"的思路,发挥学校领导与家长的积极作用,针对短板进行弥补,规划针对性强且与时俱进的学习计划和课程,全方位激发高等教育的潜能。

其次,执行要达标。在体教融合方面实施全面管理,确保学习流程畅通无阻。为学生精确制订学习计划,精选研究主题,细化课程内容,保证讲授者准备充分,学生能够学有所获。同时,营造"追求卓越"的氛围,助力形成"学习、追赶、超越"的健康环境。

最后,参与要有质量。充分发挥高等学府的核心作用,明确各方职责,逐步推进体教融合。打破行政障碍,加强专业督导,有效利用资金和管理制度,确保体育与教育深度融合。通过激励机制提高体育教师的工作热情,加强绩效评估驱动质量提升,消除内部障碍,统一协调推进措施,完善决策讨论和联合办公系统,真正提高体教融合的实施质量。

总之,深化合作机制、优化教育成果是体教融合的重要目标。只有起步高、执行达标、参与有质量,才能实现体育与教育的深度融合,共同创造教育新成果。

第三节　体教融合理念下高校体育教学体系的重构

体教融合理念引领下,高校体育教学体系的重构显得尤为迫切,它不仅关乎体育教育的质量提升,更关乎新时代背景下人才培养的全面性和创新性。以下从多维度探讨体教融合背景下高校体育教学体系的重构路径。

一、整合体育教学目标

在体教融合的理念指导下,高校体育教学体系重构的首要任务是整合体育与教育的目标。这意味着,体育教学应更加关注学生的全面发展,包括体育精神的培育、团队合作能力的提升、竞技能力的锤炼以及领导力的塑造等综合素质的培养。通过将体育教学与学生的全面发展紧密结合,体育教育将成为学生成长道路上不可或缺的重要一环。

二、更新体育教学内容

（一）教学内容多样化

为了满足不同学生的兴趣和需求，高校体育课程内容亟须更新。传统体育项目固然经典，但现代体育项目、户外探险、体育舞蹈、武术等新兴项目同样值得引入。这些多样化的课程内容不仅能够激发学生的运动热情，还能拓宽他们的视野，培养他们的多元技能。通过课程内容的更新，高校体育教学将更加贴近学生的实际需求，更具吸引力和实效性。

（二）教学内容个性化

传统的体育教学方式往往笼统、泛化，对于体质较弱的学生可能形成压力。这种"统一标准"的教学并不适用于所有学生，不能有效提高每个学生的身体素质。因此，按照学生的身体条件提供定制化的体育教学是实施全面教育的关键一步。

（三）构建终身体育课程体系

在"健康中国"战略的引领下，体育教学正经历着深刻的变革，其核心使命已从单一的"健康至上"逐步转向培育学生"终身参与体育"的意识。习近平总书记在全国教育大会上的重要讲话，为体育教学指明了发展方向，强调了健康在国民教育体系中的核心地位。基于此，体育教学内容的改革势在必行，旨在通过理论与实践的双重路径，深化学生对体育的认识，激发其自我锻炼的热情。

高校体育教学须紧密融合这些健康理念与健身方法，使之与学生的日常生活紧密相连，推动"每日锻炼，终身锻炼"目标的实现。因此，体育课程教学设计应充分考虑学生的兴趣与需求，通过多样化的教学活动激发他们的参与热情，提高其自主性，培养其长期锻炼的习惯。

三、创新体育教学方法

（一）激发学生兴趣

将体育课程紧密融入学生的日常生活，是深化体育对其积极影响的重要途径。为此，我们需要转变传统的教学方式，鼓励学生主动思考、积极探究。在体育课堂上，不再仅仅局限于动作模仿，而应引导学生分析运动逻辑、评估动作的合理性，从而帮助他们认识自己的长处与短板，找到最适合自己的运动方式。

体育游戏或挑战活动。尽管这些活动的强度可能相对较低，但由于它们持续时间往往较长，能弥补运动强度的不足。加之它们本身具有很强的趣味性，学生的参与意愿会大大提高，有助于培养他们的长期运动习惯。

此外，通过组织丰富多彩的体育活动和比赛，不仅能够增强学生的团队协作能力，还能进一步激发他们对体育的热爱与追求。

（二）紧跟时代步伐

在教学方法上，高校体育教学应紧跟时代步伐，运用现代教育技术如多媒体教学、网络教学平台等，提高教学的互动性和趣味性。同时，鼓励学生积极参与体育活动的策划和组织，培养他们的自主性和创新性。通过教学方法的创新，不仅能够提升学生的学习兴趣和参与度，还能有效培养他们的组织能力和团队协作能力。

四、科教结合提升教学质量

鼓励体育教师和学生参与体育科学研究，将科研成果应用于体育教学和训练中，是提升教学质量和效果的有效途径。通过科研与教学的紧密结合，不仅能够推动体育教学的理论创新和实践探索，还能为体育教师提供更加丰富的教学资源和手段，从而进一步提升体育教学的针对性和实效性。

五、文化建设营造体教融合环境

校园体育文化是高校体育教学体系的重要组成部分。通过举办体育节、运动会、体育俱乐部等活动,营造积极向上的校园体育文化氛围,能够强化学生的体育意识和参与度。同时,这些活动还能够为学生提供展示自我、交流互动的平台,促进他们的全面发展。

六、拓展体育交流与合作

加强与其他高校、体育组织、专业运动队的交流与合作,是拓宽学生体育学习与实践平台的重要途径。通过交流与合作,学生能够接触到更加广泛的体育知识和技能,提升他们的专业素养和实践能力。同时,这些交流与合作还能够为高校体育教学带来新的理念和经验,推动教学体系的不断完善和创新。

第四节 体教融合理念下体育教学模式的创新构建

2020年9月21日,《关于深化体教融合促进青少年健康发展的意见》出台,该文件明确强调深化中国特色体教融合发展的重要性,新时代,高校应树立"健康至上"的教育观念,通过体育活动增强学生的体质、激发运动乐趣、锻炼意志力及完善人格,促进学生的全面健康发展。面对新时代的要求,高校体育教育应当明确自身肩负的使命,促进体育教学从"有"到"优"的转变,实现体育教学的高质量发展,基于此,探索体教融合理念下的"课内外一体化"教学模式、"俱乐部体育"教学模式、"赛教融合"教学模式的创新发展势在必行。

一、体教融合理念下的"课内外一体化"教学模式构建

(一)"课内外一体化"教学模式的设计思路

在体教融合的新趋势下,"课内外一体化"教学模式须秉承立德树人原则,围绕具体可行的教学目标,精心规划教学流程,确保教学活动稳定有序,评价体系科学有效,推动教学模式的顺畅实施。

针对当前高校公共体育教学的特性和体育教育的改革方向,结合高等教育对人才培养的实际需求,"课内外一体化"教学模式应运而出,其架构如图 3-1 所示。"课内外一体化"教学模式以学生为中心,全面覆盖学生的体育参与历程,包含课堂分层教学与课外精准辅导两大核心环节。通过一系列细致入微的措施,促进课内外教学的紧密衔接与高效联动,旨在有效达到高校体育课程设定的各项目标,为学生的全面发展奠定坚实基础。[1]

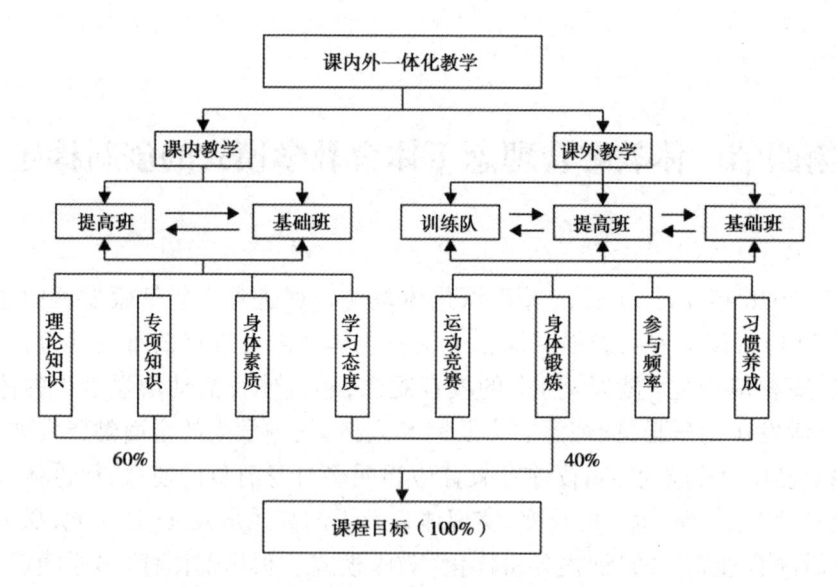

图 3-1 "课内外一体化"教学框架设计[2]

---

[1] 卿凯丽.体教融合背景下高等院校体育社团提升大学生素质的策略研究[J].高教学刊,2022,8(14):42-45.

[2] 鲁萌.体教融合背景下高校体育课内外一体化教学策略研究[J].吉林农业科技学院学报.2023,32(3):118.

第三章 体教融合理念下的高校体育教学改革研究

"课内外一体化"教学模式的构建彰显了以下特点。

（1）在课堂内的教学环节中，教师担任主导角色，学生则根据个人兴趣、健身目标以及自身的专项技能基础和体能状况，自由选择适合的学习层次（如基础班或进阶班）。在学习过程中，若学生发现所选班级的难易程度与个人能力不匹配，享有重新选择课程的权利。

（2）在课外教学方面，采用教师与学生助教协同合作的模式，实施分层次教学，并根据教学实际情况进行适时的动态调整。教师会依据学生的参与频次和进步状况，在获取学生同意的基础上，将其调整至最为适宜的学习层次。在此过程中，学生助教将辅助教师进行教学管理，并指导学生的学习活动。

（3）教师充分发挥其引领作用，负责设计、组织、优化以及评价课外教学工作，同时鼓励学生积极参与课外体育活动、社团及竞赛，以此激发学生的参与热情，培养学生的终身体育观念和自主锻炼能力。

（4）"课内外一体化"教学模式的构建，有效解决了以往课外体育活动缺乏辅导、监管及器材的问题，构建了多元主体共同参与的协同管理体系，实现了对学生体育参与全过程的监管。这一模式有助于充分发挥体育的育人功能，促进学生运动能力的深度发展。

（二）"课内外一体化"教学模式的创新构建路径

1. 坚持一体化指导，统筹课内与课外教学

"课内外一体化"教学应当面向所有学生，秉持一体化指导理念，将课内教学与课外教学两大环节进行整体规划与协调。此教学模式着重于健康理念的传播，并明确课内教学在整个体系中的核心地位。在此基础上，需着重推进以下几项工作。

（1）建立多元化主体协同管理机制

须有规划、有针对性地构建学校体育教育的多元化主体协同管理机制，打破传统班级、人数等因素的制约。组织多样化的课余训练及竞赛活动，确保教学内容的有效衔接，从而有效解决长期存在的"学习与训练冲突"问题。

（2）拓宽教学时空范畴，深化分组教学策略

通过拓宽教学时空的局限，赋予学生更大的自主选择权。深化分组教学策略，以提升学生的综合素养，促进学生在体育领域的全面发展与

进步。

（3）融合地域特色，丰富体育竞赛项目

应充分结合地域性和季节性的特点，不断丰富学校的体育竞赛活动。同时，加强体育社团的建设，确保课外教学能够成为课内教学的有效补充，共同助力学校体育教育的整体规划与实施。

（4）开展多样化内容教学，激发学生兴趣

高校学生参与课余体育训练的积极性受多方面学校层面因素的影响。具体而言，学校若配备先进且全面的体育设施和资源，例如健身房、运动场及游泳池等，将为学生提供更多样化且便捷的体育训练场所，进而激发他们的参与热情。此外，体育课程的多样性和趣味性同样至关重要。富有吸引力的体育课程能够提升学生的参与意愿，使他们更加主动地参与到体育活动中来。因此，学校应致力于营造一个更具魅力和活力的课余体育训练氛围，为学生提供更多样、更丰富的体育锻炼机会，以促进其身体健康和全面发展。[1]

（5）完善竞技课程选拔体系，挖掘学生潜能

结合学校的具体需求，建立一套完善的竞赛课程选拔体系。学生可以根据自己的兴趣和身体状况，全心全意地参与体育活动。通过持续的努力与参与，他们能够深刻体验到体育运动的独特魅力，并培养出自主学习的能力和追求卓越的精神风貌。

（6）树立榜样力量，促进学生形成终身运动习惯

充分利用榜样的示范效应，发挥其凝聚力和情感共鸣的作用。通过提升学生的身体素质和自信心，进而改善他们的整体健康状况。确保学生有规律地进行体育锻炼，以此助力他们养成终身体育的习惯，拥有更加健壮的体魄。

2. 兼顾个体差异，促进全面发展

在体教融合的背景下，依据相关政策指导精神，高校在实施体育教学时应充分考虑学生的个体差异，将"教会、勤练、常赛"作为核心指导目标，具体策略如下。

---

[1] 彭文,刘俊民,黄建军.体教融合背景下高校课余体育训练的发展研究[J].健与美,2024（8）:124-125.

第三章　体教融合理念下的高校体育教学改革研究

（1）强化体质健康预警与分层评价

加强体质监测：建立体质健康预警系统，定期监测学生体质状况。

开展主题活动：组织竞赛体育主题活动，激发学生的体育兴趣和参与度。

实施分层评价：建立分层评价体系，根据体质监测结果呈现预警等级，为不同体质水平的学生提供个性化的指导。

（2）统一标准下的动态管理与一体化教学

动态管理：采用同一标准、统一评价的方式，对体育教学进行动态管理，确保教学质量和效果。

一体化教学：加强"课、训、社"一体化教学，将课堂教学、课余训练和社团活动有机结合，提升学生的体育素养。

综合评价：结合定量评价和定性评价双重机制，重点关注学生的运动参与态度、积极性和进步幅度，进行个性化规划指导。

（3）合理安排训练与培养竞技人才

全面覆盖：面向全体学生合理安排训练计划，确保每位学生都能得到适当的体育锻炼。

优化训练策略：依据体育学科的育人特点，在营造公正的竞技环境基础上，指导学生调整体育锻炼策略，以提高运动技能水平。

构建精英运动团体：通过选拔，组建高校精英运动团队，旨在培养竞技体育领域的后备力量，进而提升学校的体育竞技实力。

合理规划训练计划：体育教师应遵循大学生的生理及心理发展规律，合理设定运动强度与训练量，以确保训练既有效又安全。

3. 构建课内外信息指导平台，促进体育教学互动

传统体育教学中，师生间的互动局限于课内，在新时期信息技术与教育深度融合的背景下，构筑课内外信息指导平台，具体策略如下。

（1）紧跟国家政策，落实信息化教育

与时俱进：体育教师须紧跟国家政策导向，深入理解并落实相关政策方针。

健康首位：将学生的健康放在首位，以信息化教育为抓手，提升体育教学的质量和效率。

（2）搭建新型课外交流平台

利用交互工具：利用多元化的交互工具（如 App 健康跑、智慧跳绳、

智能社团打卡等）搭建新型的课外交流平台。

专业服务：依托更专业的平台和服务手段，培养与发展学生的体育学科核心素养。

（3）优化线上线下混合式教学

预习与巩固：利用线上教学平台预先推送微课视频、PPT等教学资源，便于学生课前预习和课后巩固。

培养自主能力：通过线上资源的提供，培养学生的自主锻炼能力。

（4）实现多维互动与实时反馈

多维互动：学生遇到难题后，可利用交互平台进行实时与教师互动，提高问题解决效率。

掌握学情：通过交互平台，教师能更准确地掌握学生的实际学习情况。

评价反馈：结合作业进一步进行评价反馈，形成多元协同治理的局面，为后续教学优化奠定基础。

二、体教融合理念下的"俱乐部体育"教学模式构建

（一）"俱乐部体育"教学模式的关键点

"俱乐部体育"教学模式作为一种创新路径，在培养学生兴趣、促进个性化成长及树立终身体育观念方面具有独特价值。在体教融合框架下，构建"俱乐部体育"教学模式，为学生打造一个更加多元、高效且富有吸引力的体育学习环境，应明确以下几点。

1. 兴趣导向的课程设置

"俱乐部体育"教学模式的核心在于尊重学生的个性化选择，以学生的兴趣为驱动，精心策划一系列丰富多彩的体育项目。从传统的足球、篮球，到新兴且受欢迎的街舞、滑雪、瑜伽等，多样化的课程选项旨在覆盖不同学生的偏好与需求，确保每位学生都能找到适合自己的运动领域，从而激发其参与体育活动的热情与积极性。

2. 个性化教学策略

在"俱乐部体育"教学中，学生的年龄、性别、体能差异及兴趣偏好

第三章　体教融合理念下的高校体育教学改革研究

被充分考虑,以此为基础设计个性化的教学计划。这要求体育教师不仅具备扎实的专业知识,还需拥有高度的灵活性与创新能力,能够针对不同学生的特点,采取差异化教学手段,确保每位学生都能在适合自己的节奏下成长,实现体育技能与身心健康的双重提升。

3. 俱乐部化管理机制

"俱乐部体育"教学模式的推进,应借鉴专业体育俱乐部的运营模式,将管理权限适度下放给学生,鼓励他们在参与体育活动的同时,积极承担团队角色,学习团队协作、赛事组织、规则遵守等社会技能。这一过程不仅能够有效提升学生的责任感与领导力,还能加深他们对体育精神的理解与认同。

4. 课程与活动的无缝对接

为了进一步强化教学效果,"俱乐部体育"教学模式强调体育课程与课外体育活动的紧密结合。通过定期举办俱乐部内部训练、校际友谊赛、体育文化节等活动,为学生搭建起展示自我、交流切磋的平台。这些实践活动不仅能够让学生在真实情境中检验所学,还能在竞争中激发潜能,培养坚韧不拔的意志品质,为终身体育习惯的养成奠定坚实基础。

(二)"俱乐部体育"教学模式的创新构建路径

1. 明确目标,强化协同意识

学校与校园体育俱乐部的合作旨在培育体育新苗,缩短学校体育与社区体育间的距离,共同营造浓厚的体育氛围。为此,体育教学需设定具体指标,如青少年体育参与度及校俱联动成效,以此指导双方战略实施。

2. 构建沟通平台,消除信息障碍

为深化合作,避免信息孤岛与壁垒,需加强横向沟通与协作机制,确保信息流通顺畅,为校园俱乐部体育教学模式的优化提供坚实支撑。[1]

---

[1] 第十三届全国体育科学大会.第十三届全国体育科学大会论文摘要集——专题报告(体育管理分会)[C].李敏,田世界.体教融合视域下学校与体育俱乐部联动协同治理体系研究[J].社会科学Ⅱ辑,2023:884.

3. 依托社会经验,补充教学盲区

学校体育与社会体育俱乐部的融合,是双方共赢的有效途径。借鉴社会体育俱乐部的丰富经验,能为学校体育教学注入新活力。

具体而言,社会体育俱乐部汇聚了众多专业的教练员和教师,他们具备出色的运动技能。通过双方的深度融合,学校可以邀请专业教练走进校园,为学生带来丰富多彩的体育活动,使体育教学更加专业化,为学生传授新颖的运动技能,提升学生的社会认知能力,培养其团队合作精神,激发他们对体育的兴趣,为终身体育奠定坚实基础。

在实际操作中,应关注和做好以下几方面的工作。

(1)高校可积极打造特色"一校一品"的教学管理模式。学校管理层应全力支持和推动学校与社会体育资源的交流与合作,以提升学校的教学质量,打造特色鲜明的学校品牌。①

(2)学校管理层应给予足够的时间和空间,与社会体育进行深入的沟通与磨合,确保学校体育与社会体育俱乐部能够持续、稳定地融合发展。

(3)地方政府部门也应积极支持和参与高校"俱乐部体育"教学模式构建,将青少年体质健康视为重要任务。政府管理部门应在学校体育与社会体育俱乐部融合发展的过程中提供政策支持、监督与督促,确保双方合作能够顺利进行,实现共赢。

三、体教融合理念下的"赛教融合"教学模式构建

"赛教融合"是一种创新教育模式,将竞技比赛融入教学,旨在通过实战提升学生的学习效果和实践能力。该模式中,"赛"指学科、体育等竞赛,考验学生知识技能与应变能力,培养他们的团队合作精神;"教"指日常教学活动,如课堂讲授、实践操作等。教学内容紧密围绕比赛,教师设计针对性的教学训练,助力学生掌握所需知识技能。"赛教融合"强调学以致用,鼓励学生实践操作,强化实践能力和创新精神,促进学

---

① 王佳,杨红芳.体教融合背景下学校体育和社会体育俱乐部融合发展分析[J].武术研究,2023,8(4):154-156.

第三章 体教融合理念下的高校体育教学改革研究

生全面发展。[①]

(一)"赛教融合"教学模式常见形式

1. 课内小组竞赛

走进高校的体育课堂,小组竞赛已成为一道亮丽的风景线。这种教学模式不仅契合了大学生的心理特征——他们渴望展示自我、挑战极限,也符合教育实践活动的导向原则,即通过实际操作加深理论理解。教师根据课程内容和学生特点,精心编排学习小组,力求各组实力均衡,为公平竞争打下坚实基础。竞赛设计紧扣教学目标,既考验学生的运动技能,又融入创新思维,确保每次竞赛都能成为一次别开生面的学习体验。在实施过程中,教师细致讲解规则,灵活调整方案,确保竞赛既紧张刺激又安全有序。同时,通过竞赛的组织、管理和评价,不仅维护了比赛的公正性,更促进了学生体能与技能的双重提升,实现了与体育课程内容的深度融合。

2. 课外体育竞赛

课外体育竞赛作为课内活动的延伸,为学生提供了更广阔的竞技舞台。校内体育社团和俱乐部的蓬勃发展,为有志于深入探索体育世界的学生搭建了桥梁。这些平台不仅提升了竞赛的专业性和激烈程度,也要求学生具备更高的综合素质,包括团队协作、心理素质和竞技策略等。为了鼓励更多学生参与,教师不仅在课堂内传授技能,还鼓励学生课外自主练习,培养坚韧不拔的竞技精神。通过校内竞赛,教师得以直观评估学生的身体素质和运动能力,为后续教学调整提供宝贵依据,同时也为学生提供了宝贵的实战经验和自我反思的机会。

3. 体育竞赛观摩与实践

在信息爆炸的时代,体育赛事的转播与报道触手可及,大学生对体育赛事的热情空前高涨。然而,仅凭个人兴趣观看比赛,难以充分挖掘其教育价值。为此,体育教师须扮演引导者的角色,精选与教学主题紧密相关的赛事,通过回放、暂停讲解、实时评论等互动方式,引导学生深

---

① 刘赟.基于"赛教融合"模式的高校公共体育课程教学改革与探索[J].拳击与格斗,2024(13):106.

入剖析比赛策略、技术细节，甚至运动员的心理状态。教师作为"赛场解说员"，将专业知识与赛事实际相结合，让学生在享受视觉盛宴的同时，深刻理解运动的精髓，激发学习热情，为日后的个人练习和团队实践奠定坚实基础。这种"赛教融合"的模式，不仅拓宽了学生的视野，更在潜移默化中提升了他们的运动智慧和人文素养。①

（二）"赛教融合"教学模式的创新构建路径

1. 充分发挥"赛教融合"的效能

首先，在教育实践中，教师应注重以竞赛驱动教学，巧妙地将体育竞赛融入日常教学，使学生在亲身参与中磨练技能，提升实战水平。依据课程内容，教师精心设计竞赛项目，如篮球课程中组织班级间的联赛，让学生在实战环境中体验篮球运动的激情，深化对篮球规则、战术布局的理解。这种以赛促教的方式，让学生在竞技氛围中快速成长。

其次，体育教师应通过课堂教学，系统传授竞赛相关的理论知识，涵盖运动生理学原理、比赛规则解读、战术策略分析等，帮助学生掌握运动背后的科学逻辑，增强比赛中的应变与决策能力。

2. 整合竞技体育教学资源，提升课程质量

首先，教育工作者需精心挑选并整理出适合学生的竞技运动项目，例如田径、游泳、篮球等，巧妙地将它们融入公共体育课程之中。通过与地方或国家级竞技运动训练机构的协作，邀请资深教练走进校园，甚至安排学生实地参观学习，让学生亲身体验竞技运动的魅力及其背后的专业精神。同时，将竞技运动中的训练技巧、规则讲解以及运动员的励志经历等素材融入教学内容，以激发学生的参与热情。

其次，教师应将竞技运动教学与公共体育课程紧密结合。在内容选取上，要兼顾学生的兴趣与技能提升需求，精选竞技运动项目；在教学方式上，借鉴竞技运动的训练方法与竞赛模式，如模拟竞赛、角色互换等，让学生在实践中获得成长；在评价体系上，参考竞技运动的标准，构建一个全面且灵活的评价机制，以客观反映学生的学习成果。

---

① 乔宇,曹春顺.高校体育课程"赛教融合"教学模式研究[J].吉林农业科技学院学报,2022,31（6）：91.

第三章　体教融合理念下的高校体育教学改革研究

最后,竞技运动教学资源为公共体育课程的创新提供了新视角。教师应通过融入竞技运动元素,丰富课程内容,强化趣味性和挑战性,吸引更多学生积极参与。竞技运动的竞争性、团队合作与策略思维等特质,为公共体育课程带来了全新的教学模式与灵感源泉。

3. 打造多样化的比赛项目,激发学生热情

首先,教师应根据学生的兴趣偏好,策划多元化的竞技活动。例如,设计趣味接力赛和"三脚绑腿跑"等既充满乐趣又具挑战性的项目,以有效激发学生的参与积极性。

其次,竞技活动的设计应强调其教育价值,旨在促进学生的全面发展。在策划过程中,应融入团队合作、策略制定、心理素质提升等元素。例如,拔河比赛能够强化团队协作能力,棋类比赛则能锻炼策略思维和逻辑推理能力,而攀岩和定向越野等活动则有助于提升学生的抗压能力和自信心。

最后,高校应结合实际,对传统体育项目进行创新改造。结合校园文化和学生的专业特点,对传统项目进行改编或融合,创造出独具特色的竞技项目。例如,将跳绳与舞蹈结合,推出"跳绳舞"比赛;融合足球与篮球规则,设计"足篮球"比赛等。这些创新项目不仅吸引学生的眼球,更在比赛中锻炼学生的创新思维与适应能力。[1]

第五节　体教融合理念下体育教学策略与创新发展

一、体教融合理念下体育教学策略革新

(一)构建体教融合的综合性教育场景

在"体育强国"战略指引下,高校须为体育教育指明新方向,打造具有地域特色的体育教育新模式。这包括将大学体育与社区体育紧密

---

[1] 刘赟.基于"赛教融合"模式的高校公共体育课程教学改革与探索[J].拳击与格斗,2024(13):108.

结合，促进社区对体育教育的参与和支持，为体育发展创造更多机遇，并惠及中小学等教育机构，确保学生接受全面体育培训。同时，强化校园体育文化建设，营造积极向上的体育氛围，激励学生自发参与体育活动，感受运动带来的乐趣与益处。利用校园广播、宣传栏、LED屏等媒介，展示体育新闻、明星事迹，激发学生的体育热情。

在优化校内环境方面，高校须更新体育教育观念，提升体育课程与活动的地位。在关注学生专业成长的同时，重视其身体健康，提高运动参与度，引导形成健康生活方式。在师资建设上，注重年轻化、多元化，吸引退役运动员加入教师队伍。通过提供职业转型培训、鼓励教师参与技能培训等方式，提升教育团队的创新力与教学质量。

（二）优化课余体育资源配置

鉴于高校体育教学时间有限、项目种类不足，须加强课余体育资源的整合，为学生提供更完善的体育环境。首要任务是加强体育社团的组织与管理，提供战略指导、支持与资源。定期召开社团管理团队会议，探讨发展方向、问题与需求，支持有创意的提议，利用学校资源助力社团发展。同时，加大宣传力度，提高学生对体育社团的认识与参与度。利用线上平台、线下海报等方式进行推广，为社团分配活动场地。

此外，加强竞技体育建设，激励学生提升竞技能力。灵活设置校园体育比赛考核标准，让学生体验运动乐趣与体育价值。根据社团与课外活动小组特色，设置奖励机制，维持学生运动热情，营造浓厚的体育文化氛围。

（三）推行综合教育策略与评价机制

在体教融合背景下，高校应强调综合发展，整合资源提升体育课程质量。与外部体育专家团队合作，为非体育专业学生提供专业体育教育。基于市场导向优化校内体育教学管理结构、课程框架等。整合科技元素，开发数字教学平台，供学生获取在线资源，实现体育训练与文化教育的并进。

同时，加强高校间合作互动，深入探讨体教融合策略，促进资源共享与教育改革。开发多样化的体育教学评价方法，除评估体育实践技能外，还关注课堂学习态度、参与比赛表现等维度。利用技术手段实时跟踪学生锻炼效果，摒弃单一成绩评价标准，从多维度全面评估学生的体

第三章　体教融合理念下的高校体育教学改革研究

质与体育技巧变化。

（四）实施体教融合的人才培养新策略

在体教融合新格局下，高校须致力于组建优质学院运动队，为竞技体育输送人才。首先，明确培训方针，强化体育与教育融合，培养学生勇敢、毅力的品质，要求学生在学业与运动上共同进步。其次，更新人才培养目标，融入"健康体育"精神，促进文化学习与体育训练的平衡。对于高水平运动员，加强思想、文化、技能培训的整合，采取集中文化学习、分散体育训练的策略，培养全面发展的人才。

例如，根据学生需求设计课程结构，使文化课更有趣味性，提升学生的思维活跃度、政治觉悟与社会责任感。在文化方面，为高水平运动员提供灵活的选修课策略，满足其个性化需求。

（五）完善体育教育管理体系

为推动体教深度融合，高校应设立专项团队，负责制定面向全体学生的教学策略，加强竞技体育与高等教育的协同作用。注重体育课程多样性，均衡开设各类体育课程，渗透"健康第一"的教育理念，鼓励教师采用现代化教学手段。通过革新教学方法、丰富课程内容，提升学生的体能素质、塑造健全人格与毅力。

体育教师需专注于专业发展，不断提升体育学知识与教学技巧，为体育教育改革贡献力量。体育教师应利用网络资源学习先进教学方法，拓宽教学视野。同时，提高教师的专业知识、实践技能与跨学科理解能力，鼓励其在体育与文化教育间找到平衡点，让"文化元素"融入体育课堂。为此，高校应激励教师创新教学方法，形成独特的体教融合策略。同时，完善体育设施与资源，确保满足体育教学需求，提高设施使用效率。

二、体教融合背景下体育教学创新发展方向

（一）实现全面育人的目标

首先，体育与教育的结合，旨在实现对学生身心的双重培育，这体现了教育的本质要求。随着我国国际地位的提升和社会发展的加速，逐渐

推出对人才全面教育的理念,强调身心并重,这一与时俱进的教育思想具有深远影响。体育教育的改革正是这一理念的体现,旨在提升体育的社会认知度,明确其价值定位,并促进家庭、学校与社会的协同合作。体育不仅关乎身体健康,更蕴含着丰富的精神内涵和价值追求。我们倡导教师运用结构化和个性化的教学手段,通过体育活动培养学生的优秀品质和实践能力,实现身心的全面发展。

其次,随着我国综合实力的增强,体育已超越了单纯的身体锻炼范畴。从北京奥运会到北京冬奥会,我国借助这些世界级赛事,提升了服务品质,增进了人民福祉,全面展现了体育在提升国家综合实力中的关键作用。教师应将勇于挑战、永不言败的精神传授给学生,展现体育与教育的完美融合。

最后,体教融合是顺应时代发展的教育理念。体育不仅能够强健体魄,更能磨砺意志。当家长鼓励孩子参与足球、武术等挑战性项目时,旨在培养孩子的团队精神和挑战精神,这与国家所需的核心价值观相契合。以中国女排为例,其展现的体育精神与我国文化自信高度一致,我们应不忘初心,持续推动体育事业的创新发展。

(二)从教学方法入手体教创新

课堂仍是体育教育创新的核心阵地,教学策略应把握以下要点。

其一,微调进度与宏观规划:根据学生实际能力和教材分析,设定合理学习目标,避免盲目追求内容量。深入理解教材,确立学年、学期和单元教学目标,合理规划教学流程。例如,在篮球教学中,对高水平学生可结合已掌握技能,采用综合教学方法,将比赛融入教学过程,实现"学—练—赛"一体化。

其二,紧凑流程与持续反思:高效利用课堂时间,注重讲解深入与大量练习,确保教学紧凑有效。通过团队教学、互评等方式进行教学反思和调整,收集反馈意见,形成高品质课程,提升教学团队能力。

其三,多方面推进教学创新:通过情景模拟教学设计有趣游戏,多样化内容激发学生热情,或以竞赛驱动教学活动的开展,通过竞技活动挖掘学生潜能,增强团队荣誉感。教师应及时观察学生表现,提供准确指导。此外,教师还应拓展思维,创新教学内容,引入小组探讨、团队合作、团队评估及小组竞技等策略,强化合作引导,激发学生运动热情。

(三)利用"互联网+"进行体教创新

随着互联网及其平台的快速发展,"互联网+"已成为教育领域的新动力。可从以下几点入手。

第一,针对传统体育教学中的难题,教师可制作教学视频或动画,通过在线平台展示,让学生随时随地学习,构建个人知识库。

第二,依托"互联网+"教学,教师可创造和整合学习资源,构建高效学习平台。例如,"线上+线下"混合教学模式正不断完善,教师应注重课堂设计的细节,充分借助AR技术和人工智能进行数据统计,精准把握教学问题,为学生提供个性化解决方案。

第三,教师可开发微课、慕课等多元教学方式,利用"互联网+"优势将传统体育活动转化为线上直播。

第四章 体育核心素养理念下的高校体育教学改革研究

体育核心能力是学生在参与体育活动与学习时所必需的基本素养与核心能力，涵盖了体育知识积累、运动技能掌握、积极情感态度以及正确的价值观等多个维度。拥有出色的体育核心能力对学生的全面发展至关重要。它不仅能帮助学生在其他学术领域取得更佳表现，全面提升个人综合素质，还能为未来的学习和生活奠定坚实的基础。通过体育教学活动的持续开展，学生能够逐步建立起良好的运动习惯，进而形成终身参与体育锻炼的意识，为享有健康的生活方式打下坚实的基础。在体育课程实施过程中，教师应当将培养学生的体育核心能力作为教学重点，通过科学设计的体育教学活动，探索高校体育教学改革路径，以不断提高教学质量、促进学生全面成长。

第一节 核心素养与体育核心素养的内涵

核心素养通常指个人在现代社会中生存和发展所必须具备的基本素质和能力。体育核心素养则侧重于个人在体育活动中所必须具备的基本素质和能力。核心素养与体育核心素养都是个体适应环境、健康发展必不可少的重要素养。

第四章 体育核心素养理念下的高校体育教学改革研究

一、核心素养

国际范围内,核心素养的内涵解释不同。举例来说,美国学者认为核心素养是学生及职场人士不可或缺的;法国学者更强调职业能力作为个体的核心素养的重要性,强调职业能力与知识、技能和社交能力紧密相连。从个人生存发展角度来看,核心素养普遍指向那些最为关键、必要且重要的共同特质,构成一个复杂的综合体系。

在我国教育学界,不同学者对核心素养的概念有不同的界定,虽然概念阐述有出入,但我国学者普遍认为,核心素养是人类所应该具备的素养中最核心、最关键、最重要的那部分素养。如批判性思维、创新能力、沟通能力、团队合作、自我管理能力等,均构成了个体的核心素养,它们可以帮助个体适应快速变化的社会和工作环境。

要深入理解核心素养,应重点认识核心素养的以下三方面内容。

(一)正确的价值观

价值观是个体对于价值的根本认知,它植根于人的生存、享受及发展需求,是对事物价值及普遍价值标准的内在理解,引导人们判断善恶、对错及意愿的一致性,是指导行为的基本规范。正确的价值观意味着所秉持的价值内容、价值标准以及价值追求都是正面且有益的,与事实、规律及广泛认可的标准相契合。

(二)核心品格

核心品格是一个宽泛的概念,不同学科领域对其有着不同的诠释。哲学家强调美德,心理学家强调个人稳定的心理特质,教育学家关注个体行为与表达方式。综合各领域的观点,核心品格可以理解为个体在与外界互动过程中展现出的正面且稳定的品格特征。

(三)核心能力

能力是指个体实现目标或完成任务的综合素质,而重要核心能力即为核心胜任力,具有广泛的适用性和可转移性,对个体的长远发展具有决定性作用。

二、体育核心素养

体育基本素养强调的是个体通过参与多样化的体育学习活动,不仅习得各类运动项目和相关的体育知识,而且能够将体育锻炼自然而然地融入日常生活中,以此达到提升身体素质、促进健康状态的目标,进而为实现个人的长久幸福感奠定基础。

从国内外对比的视角分析,国外在体育学科核心素养的培育上倾向于跨学科的融合,而我国则更加聚焦于体育自身的本质属性。在构建体育与健康课程的核心素养体系时,我国的一个显著特点是"强化本体学科特性,相对轻视跨学科融合"。具体而言,运动能力、体育品德、健康行为是体育本位素养。①

(一)运动能力

运动能力是认知、体能、技能等在身体活动中的综合表现,是人体活动的基础,具体涵盖以下内容。

认知:个体能够运用所学知识分析和解决运动中遇到的问题,了解运动项目的裁判知识与规则,学会欣赏体育比赛。

体能:个体能够展示所学运动技能、运用运动技能。

技能:个体体重适宜、体格强健、体态优美、体力充沛,能够制订和实施体能锻炼计划,并作出合理评价。

(二)体育品德

体育品德是指在体育运动中应当遵循的行为规范以及形成的价值追求和精神风貌,对维护社会规范、树立良好的社会风尚具有积极作用,具体涵盖以下内容。

(1)体育精神:自尊自信、勇敢顽强、积极进取、追求卓越。

(2)体育道德:遵守规则、友好团结、诚信自律、公平正义。

(3)体育品格:文明礼貌、相互尊重、团队合作、社会责任感。

---

① 刘艳妮,赵犇,熊文.我国体育学科核心素养的概念论争及实践检视[J].体育学研究,2023,37(6):83.

（三）健康行为

健康行为是个人生存和发展的前提和基础,具体素养涵盖锻炼习惯、情绪调控和适应能力三方面。

锻炼习惯:个体能够积极参与体育学习和课外体育活动,掌握科学锻炼方法,进行自我健康管理。

情绪控制:个体能在运动、学习、生活中保持稳定的情绪、调控自己的情绪。

适应能力:个体能够适应自然环境、与社会环境相处融洽。

第二节　体育核心素养引领下高校体育教学改革的思路

在当今社会,核心素养作为新时代教育的重要导向,为高校体育教学的改革指明了方向。这里从创新体育课程、完善教学平台、强化教师队伍建设三个方面,深入剖析核心素养视角下高校体育教学改革的路径。

一、创新体育课程,直接深化体育教学改革

（一）明确体育课程教学目标

随着国家对高等教育质量要求的不断提高,高校深化教育改革已成为时代发展的必然趋势。在这一背景下,提升学生的综合素质成为高校教育改革的重要目标之一。而体育课程作为培养学生身心健康、增强体质、锤炼意志的重要途径,其体系建设与创新实践工作显得尤为重要。高校需根据时代发展趋势和学生的学习情况,科学地明确体育课程的教学目标和发展定位,以更好地适应体育学科核心素养的特点,创新完善教学手段,提升学生的综合素质。

（二）优化体育课程教学内容

在体育课程教学创新改革实践中，高校应始终围绕"健康第一"的基本原则，结合本校体育的实际发展情况，合理设计符合本校特色与学生学习心理特点的教学内容。

具体来说，高校不仅要关注学生的身体健康，还要注重其心理健康，通过科学的体育课程设计，培养学生的健康意识、体育品德和健康行为。同时，明确体育课程的教学目标，确保每一项教学内容都能有效地提升学生的身体素质、体育品德、体育技能，从而深化体育课程创新改革。

此外，高校还应积极寻找体育教学内容与德育的契合点，组织学生开展有意义的德育学习活动，如体育公益活动、体育道德讲堂等，以培养学生的道德素养和社会责任感。

（三）丰富教材，拓宽学生学习视野

在体育课程教材的选择应用中，高校应积极借鉴海内外优秀高校的体育教学经验，根据本校体育教学的发展情况与市场发展趋势，合理选用具有丰富实践案例的体育课程教材。这类教材不仅能有效激发学生的体育学习兴趣，还能通过真实、生动的案例，帮助学生拓宽学习视野，强化其对健康体育知识的认知和了解。同时，高校还应鼓励学生积极参与体育课程教材的编写和修订工作，以提高教材的针对性和实用性，更好地服务于学生的全面发展。[①]

（四）体育课程学习评价应多维度、多元化

在"核心素养"这一先进教育理念的引领下，高校体育课程的学习评价设计必须深入贯彻并体现"核心素养"的教学精髓。具体而言，学习评价的设计框架须展现出"多维度"与"多元化"的特点，旨在全方位、立体地反映学生的学习成效。这一转变要求我们从以往过分依赖结果性评价的桎梏中解放出来，转向一种涵盖全员参与、全过程跟踪、全方位考察的新型评价体系，确保评价活动能够渗透至体育教学的每一个细

[①] 谭欣怡，余振东.高校体育教学中培养学生核心素养研究[J].健与美，2023（12）：122.

第四章　体育核心素养理念下的高校体育教学改革研究

微环节之中。

在实践操作中,应努力实现定量评价与定性评价的有机结合,以及过程性评价与终结性评价的相辅相成,以此为基础,全面而深入地评估学生的运动技能掌握程度、健康行为习惯的养成情况以及体育品德的塑造状态。

例如,在运动技能训练的实战环节中,教师应着重观察学生是否展现出互帮互助的团队精神、坚持不懈的毅力以及高效的团队协作能力等关键素养;同时,鼓励学生之间也相互留意彼此在团队活动中的投入程度、实际贡献、合作默契以及沟通交流的能力,以此对学生进行全方位、客观公正且富有深度的综合评价。[①]

二、完善教学平台,推动改革的广度

(一)完善信息平台,丰富学生体育知识

高校体育教学在营造校园体育运动文化中扮演着重要角色。校园运动文化不仅影响着大学生的身心发展,也是校园文化的重要组成部分。

随着信息技术的发展,高校应利用网络资源,构建校园体育信息平台,实现体育教学的个性化、智能化与互动化。高校应通过多渠道宣传体育运动知识,提高师生对体育学科的认识和重视程度。

例如,通过收集学生的基本信息,利用大数据分析,为学生提供定制化的体育课程与训练计划,便于学生随时进行线上学习与复习。

再如,利用微信公众号、短视频等平台,定期发布体育新闻、赛事动态和健身知识,激发师生的运动热情。[②]

(二)搭建实践平台,培养学生体育品德

体育品德在当代学生核心素养中占据重要地位,是高校实现"立德树人"目标的关键一环。高校体育教师须深化学生对体育核心素养培养的认识,引导他们积极参与多样化的体育实践比赛。

[①] 尹璐."核心素养"理念下高校体育课程教学改革探讨[J].现代职业教育,2022(44):113.
[②] 刘志刚.体育核心素养视域下高校体育教学的优化策略研究[J].拳击与格斗,2023(4):53.

为培养体育品德,高校应搭建平台,提供充足的课外实践机会,让学生在实践中展现才华,培养兴趣和终身体育锻炼意识。具体措施包括在校园内建立实训基地,完善体育教学设施。体育教师则可通过组织团体活动和竞技比赛,激发学生参与热情,培养拼搏精神和团队合作意识,引领学生的精神成长。①

通过这些方式,不仅能够有效提升学生的体育技能,更能培养他们坚韧不拔、团结协作等优秀品质,为他们的全面发展奠定坚实基础。这样的教育环境,有助于学生在体育活动中找到自我,实现身心的全面成长。

三、强化师资建设,推动体育教学改革的深度

教师是体育教学的组织者和实施者,其素质和能力直接影响着教学质量和效果。因此,强化师资建设是推动教学改革的关键。

现代高校在体育教学实践中,要想有效培养学生的核心素养,就必须拥有一支高能力、高素质的体育师资队伍。这支队伍中的每位体育教师都应具备扎实的专业素养,能够履行好自身的职责,发挥自身作为学生核心素养形成的传授者、引导者的作用。

(一)加强体育教师培训与教育

高校应结合自身的办学条件和体育教学的发展情况,适当加大对体育教学师资队伍的核心素养培训与教育的投资力度。

首先,高校应当定期安排全体体育教师参与涵盖体育教学理念、教学方法、教学技能等多个维度的培训活动,同时促进体育专业知识与实践工作经验的交流与分享。这些举措旨在不断提升教师的业务能力和综合素养,推动他们紧跟新时代高校体育的发展趋势,并依据学生的心理需求,创新并优化体育教学的内容与形式。

其次,深化教师对体育教学及学生成长规律的理解至关重要,这有助于他们探索出更加契合大学生发展需求的教学模式,摒弃传统的教学方法,为学生提供更多样化的选择。

---

① 谭欣怡,余振东.高校体育教学中培养学生核心素养研究[J].健与美,2023(12):120-122.

第四章 体育核心素养理念下的高校体育教学改革研究

再次,强化教师对培养学生核心素养的认识同样不可或缺,须树立以学生为主体的教育理念,关注学生的个性差异与兴趣需求,实施因材施教。同时,完善教师考核机制,以激发其工作热情与主动性,鼓励他们在教学方法与手段上不断创新,进而提升体育课程改革的整体水平。

最后,高校还应加强与市场上体育企业的合作和联系,邀请体育专业领域的优秀专家学者到校举办座谈交流会,向教师分享最新的体育专业知识与实践工作经验,帮助他们提升其专业水平。

(二)体育教师自我提升与互动交流

高校体育教育工作者需要勇于突破自我限制,将更多精力投入提升教育质量的过程中。他们应当主动利用多元化的媒体资源,积极搜集并吸收专业知识与教学技巧,进而将其恰当地融入日常教学实践中。唯有如此,方能有效激发学生对体育学习的兴趣,促进学生的个性化成长。

在常规教学活动之外,教师应充分利用互联网平台,加强与学生的互动沟通。通过全面且及时地获取学生对课堂教学的反馈及学习需求,教师可以精准地调整和完善后续的教学计划,从而更好地实现体育教学的既定目标。此外,教师之间也应当增强互动与合作,分享彼此的教学心得与策略,携手提升整体的教学水平。

在知识经济时代,高校教师应加强自身专业化建设,不断扩充专业领域知识,优化知识结构,不断提升自己的专业素养和教学能力。

(三)提高体育教师待遇和地位

提高体育教师待遇是优化教师队伍的重要举措。高校应关注体育教师的职业发展和工作需求,为他们提供良好的教学和科研工作环境以及有竞争力的薪酬待遇。这不仅能激发教师参与教育教学的积极性,还能吸引更多优秀人才加入体育教学队伍中来。通过提高体育教师的待遇,可以稳定教师队伍,提升教学质量,推动高校体育教学的改革和发展。[①]

高校还通过设置完善的薪酬激励体系,吸引更多优秀的体育专业人才加入高校体育教学队伍。这些人才应具备扎实的业务能力和职业素

---

① 刘全.核心素养视角下高校体育教学改革路径探析[J].体育风尚,2023(1):123-124.

养,能够带领学生开展丰富多样的体育实践活动,在教学活动中培养学生的优良品质与运动能力。

第三节 体育核心素养理念下高校体育教学的科学设计

一、构建科学合理的体育教学课程体系

拓宽体育教学的广度尤为重要,涵盖体育理论、健康知识教育、专项技能训练、身体素质提升以及必修项目等多个维度,确保学生全面接触并深入理解体育的多重价值。

构建具有时代性、开放性和多样性的课程体系是推动体育核心素养教学的重中之重。这要求教师借鉴新时代的体育理念,如习近平新时代的体育外交思想、体育强国战略等,将其融入体育教学内容中,使体育教学不再是一个封闭的体系,而是一个开放、多元、富有时代特征的知识体系。同时,考虑到学生的个体差异,这种课程体系还应具备足够的灵活性和适应性,以满足不同学生的个性化需求。

此外,适当延长体育课程的时间轴,提供充足的学习周期,让学生能深入掌握各项体育技能与健康知识。以促进学生运动技能的精进,也为学生打下坚实的健康基础。

尤为重要的是,将体育课程贯穿大学四年的始终,强调体育不仅是阶段性任务,而是伴随个人成长、贯穿一生的生活方式。这样的设计旨在让学生深刻认识到体育运动的持久魅力与必要性,进而培育他们坚韧不拔的体育精神与良好的品德修养,使体育成为他们生命中不可或缺的一部分,真正实现体育教育的长远目标。[①]

二、革新育人理念,倡导"学生中心主义"

传统体育教学以教师为中心,过分强调运动技能的训练,是一种典

---

① 张磊.基于核心素养下的高校体育教学设计[J].体育世界(学术版)2019(9):127.

第四章　体育核心素养理念下的高校体育教学改革研究

型的"工具理性"教育模式。而在核心素养视域下,体育教学更加注重学生的个性化需求,倡导"学生中心主义",致力于培养学生的主动性与创造力。为了实现这一转变,需从两方面入手。

首先,需摒弃封闭且预设的竞技项目内容,积极吸纳学生喜闻乐见的校外资源。学校体育教育不应拘泥于传统的竞技项目范畴,而应紧密结合学生的兴趣点与实际需求,引入更多富含挑战性与趣味性的项目。此举不仅能够有效激发学生的体育学习兴趣,还能在提升身体素质的同时,增强其团队协作能力。

其次,高校应当积极探索并构建具有独特性、原创性和学科融合特性的校本课程体系。校本课程是在遵循国家课程指导纲要的基础上,结合地方文化特色、学校实际情况,以及学生能力水平而精心设计的。然而,当前部分高校在校本课程开发过程中存在理念上的偏差,过分追求学校的声誉与影响力,而忽视了课程本身的实用价值和学生的实际需求。因此,高校应牢固树立"以学生为中心"的教育理念,加大对课程的创新性发展与深度挖掘力度,确保所构建的校本课程体系既彰显特色,又能切实服务于学生核心素养的培育。

三、融入德育教育,体育与德育有机结合

在现代高校体育课程建设工作中,德育教育已成为不可或缺的一部分。高校应将德育教育纳入课堂教学体系中,指导教师将体育教学与德育实践工作有机结合在一起。

教师应当深刻认识到体育课程在培养学生面对困难时展现出的坚韧精神和毅力方面的重要作用,并高度重视学生的德育培养工作。

在体育教学过程中,将体育与德育紧密结合,不仅能够让学生在参与体育锻炼的过程中学会团队合作、尊重对手、遵守规则等优秀品质,还能借助体育活动的竞争性和挑战性特质,有效培养学生的坚韧不拔、敢于挑战的精神风貌。

四、调整教学内容,实现从"素质"到"素养"的转型

在我国高等教育体系中,体育课程的内容与模式长期以来深受传统技术教学的影响,这种模式更多地侧重于运动技能的传授与考核,而非

学生综合素养的培养。随着核心素养概念的提出,高校体育教学必须从根本上进行变革,实现从"素质"到"素养"的转型。这一转型,首当其冲的就是教学内容的调整。

(一)回归学生的日常生活

教学内容应直面学生的具体社会生活,直击生活所需的体育知识和技能。例如,教授学生如何处理运动损伤、如何进行运动急救、如何合理饮水以及如何应对运动腹痛等实用技能,这些都是学生在日常生活中可能会遇到的问题。

在体育教学实践中,教师应转变灌输式的教学方式,挖掘生活情景中的体育教学内容。通过创设贴近学生生活的情境,让学生在轻松愉快的氛围中学习体育知识和技能。这种教学方式不仅培养他们的体育锻炼意识,还能提高学生的参与度。

(二)关注学生的长远发展

终身体育是指一个人能够终身参与体育运动,并将体育运动作为一种生活方式,让学生重视体育、终身参与体育,是体育教学的最终目标。为了实现这一目标,体育教学必须实施深度教学,应注重培养学生的体育兴趣和运动习惯。通过引入多样化的运动项目,让学生在运动中感受到运动的乐趣和成就感,从而激发他们的运动热情。同时,还应加强体育与健康知识的传授,让学生认识到体育运动对身心健康的重要性。

第四节　高校大学生体育核心素养的培养

一、营造体育环境,强化学生的运动能力

(一)提升体育硬件资源,满足体育需求

高校应以学生为本,切实提升体育硬件资源,确保体育教学需求得到满足。高校应加大对体育教学的投入,建设安全、规范的体育场馆和设施,如足球场、游泳馆等。同时,要确保这些设施对全校师生开放,满

第四章　体育核心素养理念下的高校体育教学改革研究

足大家的运动需求。①

(二)营造体育文化氛围,激发运动兴趣

鉴于部分学生对体育健康认知不足,高校应营造浓厚的体育文化氛围,比如定期或不定期地组织学生观看体育赛事,以加深他们对体育规则、道德及精神的理解。

高校还应定期的组织各类体育竞赛,为大学生提供展示自我、挑战自我的舞台。通过参与这些活动,大学生不仅能锻炼身体、提升技能,还能结交志同道合的朋友,享受运动的乐趣,培养大学生的坚韧不拔和团队合作精神。

此外,高校应支持学生组建体育社团,加强对体育活动的宣传报道,利用校园媒体资源,如宣传栏、食堂滚动播放体育新闻等,提高学生对体育的认知与兴趣,树立正确的体育观。

(三)系统传授体育技能,提升运动能力

体育教学具有系统性,体育知识是其基础。体育教学的基本目标是确保学生健康成长,并掌握必要的体育技能。只有实现这一目标,才能进一步培养学生的健康行为能力,促进其形成健康的生活方式。

在体育教学中,教师应加强体育知识与技能的传授,讲解要精炼,同时为学生提供充足的练习时间,以提高课堂教学效率。学生应在教师的引导下掌握基础知识,熟练运用基本技能,并学会将所学知识应用于实践中,以解决现实问题,提升自己的实践能力。

此外,教师还应充分利用体育教学资源,创新教学方法和手段,如采用多媒体、小组合作、翻转课堂等,遵循因材施教的原则,针对不同水平的学生采用不同的教学方式,以培养学生的学习能力、探索和创新能力、运动实践能力。

---

① 刘全.核心素养视角下高校体育教学改革路径探析[J].体育风尚,2023(1):124.

二、优化教学框架,培养学生的健康行为

(一)领悟运动真谛,增进体育情感认同

在大学体育教育的范畴内,知识传授固然重要,但学生品德的塑造同样不可忽视。体育教师应致力于在体育活动中融入道德教育,以促进学生形成独立的个性与坚韧不拔的品质。举例来说,可以通过篮球、足球等团体运动项目,培养学生的团队协作能力;同时,借助诸如奥林匹克宗旨、女排励志故事等,启迪学生理解公平竞争的意义,并鼓励他们展现出勇敢奋斗的运动精神,将这种精神内化为个人成长和追求进步的力量。

(二)拓展体育文化内涵,创新教学途径

深入发掘体育学科背后的文化资源,对于提升教学质量具有显著作用。教师应聚焦于体育学科核心素养的培养,全面规划教学方案与策略,从而建立起一个系统的教学框架。这涉及打破传统教学模式的局限,改变学生被动接受知识的状况;激发学生的体育学习热情与探索欲;以及培养学生合作学习和主动探究习惯。通过教学途径的创新,旨在促进学生的健康行为养成和体育道德观念的形成。①

第五节　基于核心素养的高校体育教师专业发展

在体育核心素养的广阔视野下,高校体育教师不仅要坚守传统的专业阵地,还要与时俱进,全面塑造教师核心素养。这一素养不仅涵盖更新专业知识、体育课程实施、教学反思及创新等多方面能力,更深深植根于体育教学工作的实践土壤和个人成功的生活追求之中。

---

① 刘志刚.体育核心素养视域下高校体育教学的优化策略研究[J].拳击与格斗,2023(4):53-54.

第四章　体育核心素养理念下的高校体育教学改革研究

一、体育教师核心素养的构成

潘建芬在其著作《体育教师核心素养论》中详尽阐述了体育教师核心素养的五大维度：职业信念、专业知识与能力、运动技能、反思与自我发展以及工作与生活管理。这五维框架为体育教师核心素养的培养提供了清晰的路径，旨在推动体育教师的专业成长与全面发展。

（1）职业信念是体育教师核心素养的基石，它关乎教师对体育事业的热爱与执着，以及对学生身心健康的深切关怀。

（2）专业知识与能力则是体育教师赖以立足的根本，它要求体育教师不仅精通体育理论知识，还需掌握扎实的运动技能，并能以科学的方法指导学生进行体育锻炼。

（3）运动技能作为体育教师的独特魅力所在，其展示与传授不仅增强了体育教学的吸引力，也为学生树立了良好的运动榜样。

（4）反思与自我发展是体育教师不断进步的源泉。在体育教学实践中，教师应养成反思的习惯，通过对教学过程的回顾与审视，发现不足，寻求改进，进而实现教学方式的创新与优化。同时，教师还需注重个人成长，通过持续学习与自我提升，保持专业知识的更新与深化。

（5）工作与生活管理则体现了体育教师对职业生涯与个人生活的平衡能力。良好的时间管理与压力调节，有助于教师保持高效的工作状态与健康的心理状态，为体育教学工作提供坚实的保障。

二、提升体育教师的教学能力

体育学科，作为一门注重实践的课程，其核心目的在于促进学生身心健康地发展，通过传授体育知识与运动技能，来培养学生的必要品质与能力。体育课程的空间开放性、形式的多样性和评价体系的多元化，为体育教学提供了丰富的资源与宽广的平台。

在核心素养培养的背景下，高校体育教师需要深入挖掘运动知识与技能背后所蕴含的体育深层意义，比如体育精神与体育道德，并将这些要素融入体育教学之中。这就要求体育教师不仅要拥有扎实的专业知识与精湛的运动技能，还需要具备将通识教育理念与实践知识巧妙融合于体育教学中的能力,这也是高校体育教师相较于其他学段教师的独特优势所在。

教学能力是教师理论素养与专业敏感性的综合反映,其提升离不开对体育教学实践的深入反思。随着对体育核心素养认识的不断深化,体育教师应形成反思的习惯,将反思作为日常工作的一部分,从而推动教学方式方法的创新,确保自身专业知识结构的不断更新与教学能力的持续提升。

三、增强体育教师的探究能力

在核心素养引领的教育新时代,高校体育教师承担着培养全面发展的新时代人才的重要使命。为此,他们必须接受核心素养导向的教师教育,持续增强探究能力。

首先,通过参加培训或进修,高校体育教师应初步掌握核心素养体系,理解其核心理念、结构及培养路径,并将其融入日常教学中。

其次,鉴于当前专业机构与制度尚待完善,体育教师需依靠自身的专业知识,深入探索并解读体育学科核心素养。通过不断学习与自我反思,结合个人教学理念与经验,进一步思考如何运用体育学科的特点与专业技能来培育核心素养,培养对体育学科核心素养的主体反思意识。

最后,高校体育教师需将体育学科核心素养内化于心、外化于行,通过体育教学实践将其付诸实施。通过深入探究与自我解读体育学科核心素养,并借助教师共同体的力量,高校体育教师应全面把握其核心内涵,采取有效策略,如积极转变教师角色、实施深度体育教学、应用支架式教学模式以及创造体育教学环境等,将核心素养真正融入体育教学实践中,构建培育学生体育学科核心素养的有效途径。

四、加强体育教师的学习与反思能力

当前,高校青年体育教师专业发展面临挑战,这既受外界环境制约,也关乎个人能动性。为破解这一难题,需推动他驱与自主力量的协同发展。

首要举措是构建"互联网+体育教师教育"学习共同体。这一共同体依托互联网,汇聚海量教育资源,旨在打造青年体育教师的学习平

第四章　体育核心素养理念下的高校体育教学改革研究

台。共同体成员共享愿景,以问题为导向,开展沟通与合作。具体而言,一方面要搭建青年教师多边学习平台,创建教学交流空间,组建校内校外专业团队,实施"老带新"导师制度,从教学情怀、态度到范式,全方位助力青年教师成长。另一方面,构建多维学习共同体,结合外部培训与内部自学,激发青年教师学习动力。互联网平台的优势在于打破时空限制,汇聚热爱学习的青年教师,促进知识整合与交叉学科发展,实现他驱与自驱的良性互动。

同时,青年体育教师具有自我反思的意识和能力至关重要。自我反思是专业成长的加速器,它帮助教师发现自身不足,明确短板,进而精准施策,提升教学能力、科研能力及专业知识与技能。高校青年体育教师应利用课余时间,定期反思专业发展,总结经验教训,寻找制约因素,并以此为突破口,探索解决之道。此外,鼓励教师记录反思中的创新想法,逐步完善并付诸实践,以此激发专业发展活力。[1]

总之,通过构建"互联网+体育教师教育"学习共同体与加强自我反思,体育教师能够在他驱与自驱的协同作用下,不断提升专业能力,实现个人与职业的双重成长。这一路径既强调了外部环境的支持,又突出了个人能动性的重要性,为高校青年体育教师专业发展提供了有力支撑。

五、深化高校体育教师核心素养培养

在当前教育改革的大潮中,高校体育教学正面临前所未有的机遇与挑战。为了更好地适应新时代人才培养的需求,将核心素养的培育理念融入日常体育教学实践中,成为摆在每一位高校体育教师面前的重大课题。为此,必须加大对在职体育教师的培训力度,确保他们能够深刻理解并有效实施核心素养教学理念,从而培养出更多具备未来社会发展所需核心能力的优秀人才。

首先,从理论层面入手,详细解读核心素养理论产生的背景、理论意义及现实意义,帮助教师构建起系统的理论框架。通过培训,教师应能深刻理解核心素养的内涵与价值,认识到其对于培养学生综合素质、提升教学质量的重要作用。同时,培养教师的教学理解能力,使他们能够

---

[1] 高翔.核心素养视域下高校青年体育教师专业发展的困境及其突破[D].长沙:湖南师范大学,2021:61-62.

准确把握核心素养教学理念的核心要义,从而在日常教学中做到有理有据、科学施教。

其次,在理论理解的基础上,还需指导教师将核心素养理念与体育教学实践相结合。以体育学科核心素养理论为纲,教师应深入解读核心素养的具体要求,明确其在教学中的体现方式,结合本校的实际情况,探索构建具有本校特色的体育课程体系,通过优化课程设置、丰富教学内容、创新教学方法,为学生全面发展提供有力支撑。

最后,在推动体育教学革新的过程中,还应高度重视体育教师的师德建设。师德作为教师的一种重要教育手段,具有潜移默化的影响力。在课程思政的背景下,德育为先的理念更加凸显。因此,高校要在坚定体育教师的从教信念方面承担起更多的责任,强化他们的教育情感,使他们能够以高尚的道德情操和良好的师德风范,为学生树立榜样。只有在教师自身具备了深厚的核心素养的条件下,在传授体育知识、培养学生终身体育意识的过程中,才能帮助他们健全人格、提升素养。①

总之,加大基于核心素养的高校体育教师培养力度,是推动体育教学革新的重要举措。通过加强理论培训、指导教学实践、强化师德建设等多方面的努力,不断提升体育教师的专业素养和教学能力,以培养出更多具有核心素养能力的优秀教师人才。

---

① 赖荣亮.核心素养视界下的高校体育教师专业发展路径探究[J].体育科技文献通报,2020,28(3):72.

第五章　课程思政理念下的高校体育教学改革研究

课程思政理念强调在各类课程教学中有机融入思想政治教育,其核心目标是培育学生的社会主义核心价值观,深化国家意识与民族自豪感,进而保证学生树立稳定、正确的价值观。在高校体育教学的背景下,课程思政理念的实施尤为关键。体育教学不仅是增强学生体质、提升体育技能的平台,更是塑造学生品格、培养团队精神的重要途径。通过融入课程思政理念,高校体育教学致力于在锻炼学生身体的同时,也锤炼他们的精神世界。更重要的是,高校体育教学在融入课程思政理念的过程中,还注重培养学生对国家和民族的认同感。通过体育活动和体育课程,学生能够更加深刻地理解国家的历史与文化,感受到民族的团结与力量,从而更加珍视自己的身份与责任。这样的教学方式,不仅有助于学生的个人成长,更为国家的未来发展培养具有高尚情操和强烈责任感的优秀青年。

第一节　课程思政与体育课程思政解读

一、课程思政的概念与内涵

(一)课程思政的概念

课程思政被视为一种针对人才思想政治素养的基础教育模式,其核心在于将科学、正确的政治观念与思想精髓,以一种潜移默化的方式融入学生的日常学习与生活中,成为他们未来职业道路与人生抉择的重要指引。鉴于当代青年学生成长于新中国经济迅猛发展的和平年代,享受着社会稳定、生活安逸及物质充裕的优越环境,这种过于舒适的生活状态有时可能导致他们在精神上产生懈怠情绪,长远来看,这并不符合我国当前发展的迫切需求。

因此,国家高度重视在教育中提升青年学生的思政素养,旨在引导他们树立正确的价值观,塑造健全的人格。课程思政在实际推行中展现出了显著的优越性,并在当前的思政教育体系中持续发挥着关键作用。

然而,关于课程思政的具体概念,学术界尚未形成统一明确的界定。其中,孙蚌珠、赵富学两位教授的观点颇具代表性。孙蚌珠教授指出:"思政课程侧重于思想政治理论教育的课程体系构建,而课程思政则侧重于教学体系的完善。"[①] 赵富学教授指出:"课程思政是指体育课程教学领域将思想政治教育贯穿于学校人才培养体系的理念、任务、方法和过程的总和"。[②]

(二)课程思政的内涵

课程思政作为一种教育理念,其内涵丰富而深远,涵盖了教学内容、价值导向以及对学生品格塑造的多个层面。具体阐述如下。

1. 立德树人

课程思政的本质在于立德树人,这是教育的根本任务。在我国教育发展的历史长河中,育德始终被视为育人的基础和前提。育人先育德,通过思政教育,我们可以培养出具有高尚道德品质的优秀人才。这些人才不仅具备扎实的专业知识,更拥有符合国家要求的价值观和人生观。他们从小树立远大的人生理想,努力学习、锻炼本领,为未来的国家建设做好充分准备。同时,思政教育还承载着传承和创新民族传统文化的重任。通过思政教育,我们可以引导青年学生深入了解并热爱自己的民族文化,从而在新的时代背景下,不断推动文化的创新与发展。总之,思政教育是一次伟大的教育思想创新,它将为实现中华民族伟大复兴的中

---

① 孙蚌珠.思想政治理论课要着力培养学生"三个认同"[J].思想理论教育导刊,2019(5):19-22.
② 赵富学,黄桂昇,李程示英,杜红伟."立德树人"视域下体育课程思政建设的学理释析及践行诉求[J].体育学研究,2020,34(5):48.

国梦培育无数优秀人才。

2. 协同育人

课程思政的育人观强调各学科专业课程与思政教育的并行发展，二者同向同行，共同致力于培养全面发展的人才。这一理念充分体现了课程思政的协同育人特点。协同育人是学校教育的重要使命，也是我国教育方针的具体体现。一所学校的教育水平如何，很大程度上取决于其培育人才、输送人才的数量和质量。而这些人才应能够成为国家的合格建设者和可靠接班人，为实现中国梦贡献自己的力量。因此，学校教育必须服务于国家和民族的发展需要，尤其是高等教育，更是直接为国家输送优秀人才的重要阵地。高等教育培养的人才对国家建设越有利，其在教育界的话语权就越强。

在课程思政的实践中，高校不仅要注重知识的传授和能力的培养，更要注重思政教育的融入。通过在各学科专业课程中渗透思政教育元素，我们可以引导学生形成正确的价值观和人生观，培养他们的爱国情怀和社会责任感。这种协同育人的理念有助于培养具有全面素质的人才，使他们能够更好地适应我国社会发展的需求。

3. 立体多元

课程思政是一种多元统一的教育理念，其结构特点表现为立体多元。这种多元性包括传授知识、塑造价值和培养能力三个方面。将这三者有机统一起来，就形成了结构上立体多元的课程思政。

传统教育的结构相对单一，主要以传授知识和培养能力为主。然而，随着教育改革的不断深入，我们逐渐认识到塑造价值的重要性。因此，在课程思政中，教师不仅要传授知识、培养能力，更要注重塑造学生的价值观。这种多元统一的教育理念有助于培养全面发展的人才，使他们不仅具备扎实的专业知识和能力，而且能够在复杂的环境保持稳定的、利于国家发展要求的价值信念。

在课程思政的实施过程中，要求教师尽可能从学生日常生活出发，寻找具有实质性的介入方式。只有深入了解学生的需求和困惑，教师才能有针对性地帮助他们解决问题。同时，教师还要引导学生将所学知识、技能运用到生活中去解决问题，并将在教学中塑造的价值运用于社会交往中。这样,学生才能真正领会知识的力量,领会思想政治教育的价值。

4. 科学创新

当前,我国正处于社会转型的关键时期,文化大繁荣、多元文化交织的时代背景要求我们既要具备创新思维,又要具备科学思维。因此,在新时代,培养大学生的思想政治素质至关重要。高校通过思政教育,可以帮助大学生形成正确的立场和观念,以科学的方法分析和解决问题。同时,高校还要培养他们的多元思维,包括系统思维、科学思维、历史思维和创新思维等。

在当前国际社会上出现众多社会意识形态的背景下,我们需要科学思维来顶住压力、加强思政教育以抵住侵蚀。因此,将思政教育融入不同学科课程中显得尤为必要。只有加强思政教育、树立科学思维,我们才能将牢固的思想防线树立起来,使学生面对各种错误思潮时能够自觉抵制。

除了科学思维外,课程思政还体现了创新思维。它强调将思政教育融入除思政理论课以外的其他学科课程中。这种创新不仅有助于思政教育的深入发展,还有助于提高其他学科课程的教学质量和实施效果。在课程思政的实施中,高校要树立创新思维,谋求新的出路与发展,创造新的方法与空间。这样,思政教育才能得到创新发展,思政育人目标也才能在更高层次上实现。

5. 显隐结合

在人才培养中,我们需要先回答三个根本问题:培养什么样的人、怎样培养以及为谁培养。只有明确了这三个问题的答案,我们才能在坚持社会主义办学方向的基础上明确人才培养方向并提高人才培养质量。人才培养是一个复杂的工程,涉及诸多培养体系如教材体系、教学体系、管理体系等。而无论是哪个体系,思想政治工作体系都始终贯通其中。可见,在人才培养的蓝图中,思想政治工作必不可少。

课程思政的提出恰好反映了这一点。在人才培养中践行课程思政,我们需要围绕思想政治教育对人才培养的目标、内容、模式和方法等进行改革。在各类培养人才的课程实施中,高校要将与政治认同、国家意识、文化自信等思政元素融入知识传授和技能培养中。这种将知识、技能的显性教育与思想政治隐性教育有机统一的方法有助于培养全面型人才并促进学生的全面发展。

在课程思政的实践中,高校既要注重显性教育的实施,如知识的传授和技能的训练等,又要注重隐性教育的渗透,如思政元素的融入和价值观的塑造等。通过显隐结合的方法,高校可以更好地发挥课程思政在人才培养中的重要作用。同时,这种方法也有助于提高学生的学习兴趣和参与度,使他们在轻松愉快的氛围中接受思政教育并形成良好的品格。

二、体育课程思政的概念与内涵

(一)体育课程思政的概念

体育课程思政,是在体育教学的基础上,进一步强化了思政教育的比重,拓宽了思政教学的路径,旨在通过体育教学的各个环节,巧妙地融入思政元素,引导学生从更宽广的视角审视思想政治问题,从而深化对思政内容的理解。

体育课程思政并非简单地将思政教育强加于体育教学之中,而是巧妙地将思想政治教育元素、价值观、世界观以及崇高的社会主义道德情操等融入体育教学的每一个环节,《高等学校课程思政建设指导纲要》的要求以及对体育课程思政研究总结出在体育课中包含的思政元素包括:爱国主义教育、无私奉献精神、集体主义精神、吃苦耐劳精神、积极进取精神、规则意识、安全意识、诚信意识、责任感等(图5-1)。对体育课程思政的教育元素理解的认知,打破了传统体育教学仅从塑造学生意志品格角度实施思政教育的局限,让思政教育在体育教学中焕发出新的活力。

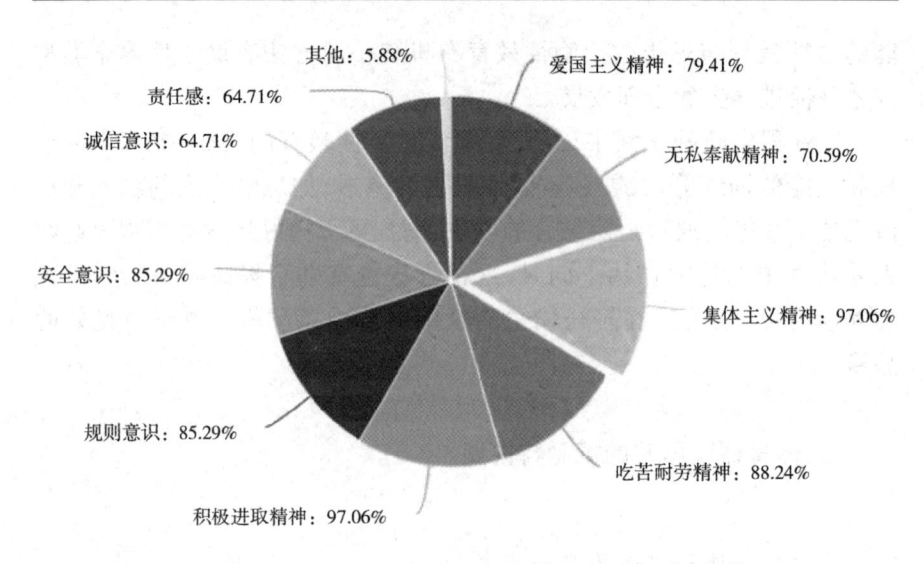

图 5-1　高校教师对体育课包含思政元素认知情况[①]

调查显示,当前体育教师对体育课程思政的概念界定,普遍侧重于"体育课程思政是一种贯穿于体育教学全过程的全新体育教学理念、是一种体育课程观与思想政治观相结合的体育教学模式"的描述(表5-1)。

表 5-1　对体育课程思政概念认知情况(N=34)[②]

选项	人数	比例(%)
一种贯穿于体育教学全过程的全新体育教学理念	29	85.29
在整个体育过程包含思政教育	16	47.06
一种体育课程观与思想政治观相结合的体育教学模式	24	70.59
一门思想教育课程	6	17.56
体育中传递思想的全新体育教学方式	19	55.88
以立德树人为主要教学任务	18	52.94
在体育教学中偏重学生的思想政治教育	7	20.59
其他	2	5.88

---

① 陈露露.高校公共体育课程思政体系建设研究[D].武汉:长江大学,2024:26.
② 陈露露.高校公共体育课程思政体系建设研究[D].武汉:长江大学,2024:28.

第五章　课程思政理念下的高校体育教学改革研究

(二)体育课程思政的内涵

1. 体育课程思政的目标设定

体育课程目标是体育课程实施的出发点和落脚点,它指引着体育教学的方向。体育课程主要以体育实践为主要形式,通过体育技能的教授和体育活动的指导,帮助学生提升身体素质,培养坚毅品质,增强团队协作精神,激发拼搏精神。因此,体育课程思政的目标设定应紧密围绕学校学年、学期的体育教学内容,结合体育教学的特点和要求,灵活设定思政课程的教学目标。

在设定体育课程思政目标时应科学严谨,各学校应根据自身的体育教学计划和安排,灵活调整,确保目标既符合国家对课程思政的教育方针,又能够贴近学生的实际需求和认知水平。同时,要注重目标的可操作性和可评估性,以便对教学效果进行及时、准确的评估。

2. 体育课程思政的教育方式

在体育课程思政的实施过程中,显性教育和隐性教育两种方式相辅相成,共同发挥着重要作用。显性教育作为主体,通过体育教学这一载体,以直观、简洁的方式对学生进行思政教育,培养其正确的社会主义核心价值观。而隐性教育则作为补充,潜移默化地影响着学生的思想意识、行为举止,使思政教育更加深入人心。

3. 体育课程思政的协同效应

体育课程思政与其他课程的思政教学相比,具有独特的协同性。体育课程更注重实践,而其他课程则主要以理论学习为主。这种差异使得体育课程思政能够与其他课程的思政教学形成互补,共同促进学生的全面发展。

在体育课程中,学生通过亲身参与体育活动,能够直观地感受到团队协作的力量、拼搏精神的重要性以及坚毅品质的价值。这些实践经验与学生在其他课堂上获得的思政理念和意识相互呼应,共同构成了学生完整的思政意识和理念体系。这种协同效应有助于学生更好地理解和接受思政教育,形成正确的世界观、人生观和价值观。

4. 体育课程思政的结构构建

体育课程思政的结构构建是确保思政教育效果的关键。在构建体育课程思政结构时，应明确知识技能讲授、价值观塑造和能力培养的教学目标，并将这些目标进行整合，形成统一多元的课程体系。

在体育课堂上，教师应带领学生积极探索体育知识和技能，感受体育运动的魅力。同时，还要将体育教学与学生的日常生活方式相结合，指导学生将体育课上学到的技能运用到课余生活中，逐渐养成终身体育的意识习惯和能力。此外，教师还应根据实际情况，灵活选择有利于塑造学生价值观的教学素材，回应学生在学习、生活、社会交往和实践中所遇到的真实问题和困惑。

在这一过程中，教师应注重思政教育的结构性和生动性。通过设计丰富多样的教学活动和情景模拟，使学生在参与中感受思政教育的魅力，从而对其产生积极的影响。同时，教师还应关注学生的个体差异和兴趣爱好，因材施教，确保每个学生都能在体育课程思政中获得成长和进步。

总之，体育课程思政作为体育教育的新形态，旨在通过体育教学的各个环节巧妙地融入思政元素，引导学生从更宽广的视角审视思想政治问题。在实施过程中，应注重显性教育和隐性教育的有机结合，灵活设定教学目标，发挥协同效应，构建统一多元的课程体系。只有这样，才能确保体育课程思政取得实效，为学生的全面发展奠定坚实的基础。

第二节　课程思政引领下高校体育课程改革的理论与方法

一、课程思政引领下高校体育课程改革的理论

（一）高校体育课程改革的本质

在探讨体育课程改革的深化路径时，课程思政的引领作用不容忽视，它标志着我国教育理念的一次深刻变革与创新。

第五章　课程思政理念下的高校体育教学改革研究

课程思政并非传统思政课程的简单复制，亦非体育教学的孤立存在，而是两者的巧妙融合，旨在通过体育实践中的具体问题，将原本可能显得抽象难懂的思政理念转化为生动的教学素材。这一过程中，学生在面对挑战，尤其是涉及个人价值观抉择的情境时，是积极应对还是消极逃避，从而培养其解决问题的勇气与智慧。

教育的核心始终聚焦于立德树人，体育课程思政亦不例外。将社会主义核心价值观等思政精髓融入体育教学，采用贴近学生、易于接受的教学方式，是体育教学独有的魅力所在，也是改革的主要方向。体育教学凭借其实践性强、参与度高的特点，成为思政元素渗透的理想平台。通过精心设计的体育活动与课程环节，不仅能够有效传递思政理念，还能在无形中塑造学生正确的三观（世界观、人生观、价值观）。更重要的是，让学生亲身经历每一次思想碰撞与实践探索，成为他们成长道路上宝贵的财富，旨在培养出既具备专业技能又拥有高尚品德的社会主义建设者和接班人。

体育课程本身的特点及其蕴含的丰富思政资源，为课程改革提供了广阔空间。深入挖掘并巧妙融入这些思政元素，不仅丰富了体育教学的维度与内容，还极大地激发了学生的学习兴趣，提升了教学效果。这一改革举措不仅有助于实现理论知识与实践行为的统一，更促进了学生的全面发展，为他们未来成为社会的有用之才奠定了坚实的基础。

（二）高校体育课程改革的任务

在课程思政这一教育理念的引领下，体育课程的改革正逐步深化，不仅拓宽了体育教学的广度与深度，更为学生提供了一种更为生动、多维的学习体验。这一改革不仅是体育教学领域的一次时代性革新，更是对当前教育工作者提出的一项全新挑战与要求。

1.明确学校教育的根本使命

在课程思政的引领下，我国体育课程改革的首要任务是明确学校教育的根本使命——为国家建设培养优秀人才，为中华民族的伟大复兴、为世界和平与发展贡献力量。在这一总体思想的指导下，学校体育课程的设置与布局须紧密围绕党的全面领导，以马克思主义为指导，深入贯彻党的教育方针，将社会主义核心价值观等思政元素有机融入体育教学之中。这不仅能够帮助学生树立正确的三观，还能激发他们的人生奋斗目标,鼓励他们为实现国家和社会的发展贡献自己的力量。

2. 提升学生的思想政治素养

思想政治教育是学校教育的基石,是塑造学生灵魂的底色。长期以来,我国教育始终致力于引导学生树立正确的社会主义核心价值观,不断提升其思想政治素养,这是我国教育体系的根本任务。改革开放40余年来,我国在经济、政治、文化等多个领域取得了举世瞩目的成就,国际地位显著提升。

随着国门的开放,各种文化思潮如潮水般涌入,其中不乏一些消极、负面的影响,这对我国青少年的健康成长构成了潜在威胁。面对这一挑战,国家高度重视,适时提出了课程思政这一具有开创性的教育理念,旨在将思想政治教育融入学生日常学习的每一个环节,使之更加贴近学生的生活实际,从而更有效地引导学生树立正确的世界观、人生观和价值观。

3. 坚持以人为本为改革基础

体育课程以思政为核心进行改革,还需充分尊重我国的传统文化与价值观,遵循以人为本的教育理念。

在课程思政的新理念和新要求下,学校体育课程应摒弃过去单一注重体育技术教学的传统模式,拓宽体育教学的视野,将思政元素融入体育教学的各个环节。这要求高校在开展思政教育时,必须紧密结合当下文化发展趋势,从学生最熟悉、最感兴趣的话题入手,从他们的生活实际出发,避免生搬硬套、形式主义。相反,高校应通过激发学生的学习兴趣,引导他们自主学习、自觉实践,形成良性循环。因此,在课程思政背景下的体育课程改革中,我们必须高度重视以人为本的教学理念,尊重学生的身心发展规律,科学合理地开展体育课程的思政教学。

总之,课程思政引领下的体育课程改革是一项具有深远意义的教育工作。它要求我们既要坚持思想政治教育的根本任务,又要遵循以人为本的教育理念,将思政元素与体育教学有机融合,为学生提供一个更加全面、立体、生动的学习体验。只有这样,我们才能培养出既具备强健体魄又拥有高尚品德的新时代青年,为国家的繁荣富强和民族的伟大复兴贡献力量。

第五章　课程思政理念下的高校体育教学改革研究

（三）高校体育课程改革的思想理论指导

在探讨高校体育课程建设与改革的过程中,课程思政的引领作用不容忽视。这一理念不仅为体育课程注入了新的活力,更为其提供了坚实的思想理论指导。以下,我们将从马克思主义关于人的全面发展理论、国家领导人关于高校思想政治教育的思想、有效教学理论以及隐性教育理论四个方面,深入剖析课程思政引领下高校体育课程建设与改革的思想理论基础。

1. 人的全面发展理论

马克思主义的最高理想在于实现人的全面发展,这一理念深刻揭示了人的本质和社会关系。在马克思主义看来,人并非孤立的存在,而是处于复杂的社会关系之中,因此,对人的分析必须置于这一广阔的社会背景之下。实践,作为马克思主义的核心概念,是实现人的全面发展的关键途径。人们通过实践,不断发挥自身的主体能力,使自身处于持续成长的状态。

随着经济社会的发展,每代人对自我全面成长的要求也在不断变化。在我们所处的现实世界,人的全面发展不仅体现在劳动能力的提升,更包括精神世界、物质生活、道德修养等多方面的进步。高校公共体育课程思政,正是基于这一理念,通过体育教育推动大学生素质的全面发展。在教学过程中,注重思想政治教育,不仅传授体育技能,更提升学生的人文素质,这是实现大学生全面素质提升的重要保证。

2. 党的思想政治教育思想

自社会主义道路在中国确立以来,中国共产党历代领导人均高度重视高校思想政治教育工作。毛泽东在青年时期就提出了德智体均衡发展的教育理念,强调青年学生应实现身心的全面发展。邓小平提出了培养"四有青年"的教育目标,旨在促进青年学生的自由全面发展。

进入21世纪以来,江泽民强调思想政治工作是一门科学,要求从青年学生的思想特点出发,按照其发展规律,将各种形式的教育作为一项长期事业坚持下去。胡锦涛则提出了以人为本、德育为先的思想政治教育新理念,强调实践教育的重要性。

党的十八大以来,习近平多次强调"立德树人"的总目标,要求将这一理念融入德育教育、文化知识教育、社会实践教育以及小学、职业、高等教育等各个阶段。

高校作为立德树人的主战场,应全面贯彻党的教育方针,将思想政治教育融入各专业课程之中。高校体育课作为大学课程的重要组成部分,紧随思想政治课之后,是响应党的教育方针、实现各课程同向同行的重要举措。

3. 有效教学理论

教学效能理论起源于 20 世纪初,该理论着重于教师遵循教学活动的基本规律,力求以最少的资源投入(时间、精力和物力)实现学生的学习成就、个人成长与全面发展。在这一理论中,布鲁姆扮演着关键角色,他通过革新考试标准和手段,进而重塑了教学目标与方式。他倡导的"精通学习"理念,着重于激发学生的主动学习精神与创新能力,以期全面提升教学质量。

在公共体育课程思政建设中,有效教学理论同样具有指导意义。教师应根据提高教学动机和兴趣等原则来设计课程,促成预期的教学成果。通过精心设计专业与思政教学的融合,实现体育理论和体育实践的统一、思想政治理论课知识与正确价值观的统一。这一过程需要教学要求、教育制度、教学政策等的补充和支持,属于各单位合作、各时期持续改进的过程。

4. 隐性教育理论

隐性教育理论是公共体育课程思政建设的另一个重要理论基础。它强调通过间接、隐性和非具体的方式对学生进行无意识教育。教育不仅限于正式的教育环境,还可以渗透到日常生活和社会环境中。

在公共体育课程的思政教育融入过程中,教师可以采纳潜在教育的理念,将思想政治教育元素巧妙地融入体育课程之中。比如,通过课堂内外的多种培养方式,激励学生主动进行体育锻炼、踊跃参与团队体育活动,以此培养他们的团队协作能力、体育竞技能力和人文素养。这种潜移默化的教育过程能够逐步塑造学生的思想观念和行为习惯,帮助他们形成正确的道德伦理观。

此外,教师还可以通过融入体育文化、人文精神等元素,进一步强化学生学习体育的意愿与激情。在这个过程中,教师可以采用非直接的方

第五章　课程思政理念下的高校体育教学改革研究

法,如利用社交平台分享体育知识和信息,帮助学生建立正确的体育健康观念和良好的行为习惯。隐性教育理论的应用不仅拓展了思想政治教育的渗透面和覆盖面,更实现了更加高效的思政育人目标。[①]

因此,课程思政引领下高校体育课程建设与改革的思想理论指导是多方面的、深层次的。马克思主义关于人的全面发展理论、国家领导人关于高校思想政治教育的思想、有效教学理论以及隐性教育理论共同构成了这一理念的理论基础。这些理论不仅为体育课程思政建设提供了坚实的思想支撑,更为其指明了发展方向和实践路径。在未来的发展中,我们应继续深化这些理论的研究和应用,推动高校体育课程建设与改革的不断深入。

二、课程思政引领下高校体育课程改革的方法

(一)深化思政教育与体育教学的结合

在追求学生全面发展的教育体系中,加强思政教育与体育教学的融合显得尤为关键。这一融合旨在通过体育活动这一载体,潜移默化地提升学生的思想道德素质和社会责任感。

首先,明确思政教育的核心目标至关重要。其根本在于培育学生的爱国主义情怀与集体主义精神,引导他们树立正确的体育观念,倡导健康生活方式。在高校体育教学的框架内,思政教育不应孤立存在,而应与体育技能的传授相辅相成,共同作用于学生的成长过程。此外,思政教育的内容需不断丰富,注重培养学生的道德品质与社会责任感,使之成为具备高尚情操的社会成员。

其次,面对传统思政教育方式可能带来的单调与乏味,创新成为提升教育效果的关键。在高校体育课堂上,教师可以大胆尝试情境教学、角色扮演、小组讨论等多元化教学手段,以此激发学生的学习兴趣,让思政教育变得生动有趣。

---

① 陈露露.高校公共体育课程思政体系建设研究[D].武汉:长江大学,2024:19.

（二）组织多样的校内体育竞赛

体育课程不应局限于课堂教学,而应努力拓展课堂外的教学空间,为学生提供更多元化的体育学习途径。组织多种形式的校内体育竞赛,是其中的一种重要方式。我们可以设计专项体育竞赛、综合体育竞赛以及趣味体育竞赛等多种类型,每种竞赛都有其独特的规则和侧重点,以满足不同学生的运动兴趣和才华。

通过参与这些竞赛,学生不仅能激发对体育运动的兴趣,还能在训练和比赛中锻炼自己的运动技能、团队协作能力、组织能力以及自信心和意志品质。这种丰富有趣的校内体育竞赛,不仅有助于学生保持身体健康,还能在娱乐中达到教育的目的,实现健身、娱乐和教育的多重效果。

（三）设立多种单项体育俱乐部

为了激发学生对体育运动的长期兴趣,我们可以尝试在传统的体育课堂教学之外,建立各种形式的单项体育俱乐部。这些俱乐部不仅为学生提供了一个深入学习和训练的平台,还有助于他们专注于某一项运动项目,从而发展出对特定运动的浓厚兴趣。单项体育俱乐部作为体育课程的一种创新形式,具有重大意义的教学突破。它们面向全体学生开放,将课堂教学延伸至课外锻炼,为学生创造了更广阔的探索空间。

对于大学生来说,尝试加入自己感兴趣的体育俱乐部,学生不仅能得到个性的尊重,还能在家庭和班级之外,体验到另一种集体环境。这不仅有助于培养他们的人际交往能力和社会适应能力,还能开阔他们的视野。在俱乐部中,学生可以通过与志同道合的伙伴共同学习和训练,不断提升自己的运动技能和团队协作能力。

第三节 高校体育课程思政内容的选择与组织

一、高校体育课程思政内容选择的原则

在体育教育的广阔天地里,融入思政元素并非简单的外部嫁接,而

第五章　课程思政理念下的高校体育教学改革研究

是一个内在生长的过程,是对体育教学本质的深化与拓展。这一理念的明确,为我们在体育课程中科学、合理地选择思政内容奠定了坚实的逻辑基础。然而,要使这一融合过程既符合体育教学的特性,又能有效引导学生思想成长,就需要遵循一系列明确而具体的原则,以确保体育课程内容的选择不仅能强化学生的体质与运动技能,还能将核心价值观、世界观与人生观悄然融入学生的精神世界。

（一）健身性与价值性和谐统一

体育教学,作为提升学生体质的基石,其核心在于健身。而课程思政的目标,则是通过体育教学这一载体,促进学生思想政治素质的提升。两者虽各自独立,却又在深层次上相辅相成。因此,教师在选择体育课程的教学内容时,必须兼顾健身性与价值性,力求二者相得益彰。这意味着,体育课程内容不仅要能够增强学生的体能,提高运动技能,还要蕴含丰富的思想内涵,使学生在掌握运动技巧的同时,能够潜移默化地领悟人生的真谛,锻造出自强不息、自信从容、自立自强、坚韧不拔、勇敢无畏等宝贵的品质。

体育课程思政内容选择的健身性与价值性和谐统一,要求体育教师在设计体育课程时,巧妙地将思政元素融入体育活动中,让学生在挥洒汗水的同时,也能感受到心灵的洗礼与升华。

（二）科学性与可行性有机结合

科学性是体育教学的生命线,它要求所选的体育课程内容必须经过严格的科学论证和实践检验,以确保教学的有效性和安全性。然而,仅有科学性是不够的,因为有些内容虽然理论上可行,但在实际操作中可能受到各种条件的限制,难以实施。因此,在选择体育课程内容时,必须将科学性与可行性相结合,确保所选内容既符合科学原理,又能在实际教学中得到有效落实。

在课程思政的指引下,高校不仅要注重体育课程内容的科学性和可行性,还要注重其层次性和内涵的丰富性,以提升学生的学习体验和学习效率,促进他们的身心全面发展。

（三）成熟性与发展性并重

教师在选择体育课程教学内容时,还应遵循成熟性与发展性相结合的原则。一方面,要选择那些经过实践检验、教学效果显著的课程内容,确保体育教学的稳定性和可靠性。另一方面,还要关注所选内容是否具有广阔的发展前景和延展性,能否随着社会的进步和体育事业的发展而不断注入新的活力。

成熟性与发展性对于保证体育课程教学内容的质量至关重要。在课程思政的引领下,成熟的思政教育资源能够为体育教学提供坚实的支撑,使体育教学内容更加贴近社会实际,为学生的社会实践和未来的社会生活打下坚实的基础。同时,发展性也要求我们在选择体育课程内容时,要具有前瞻性和创新性,不断探索和尝试新的教学方法和手段,以适应时代发展的需要和学生成长的需求。

(四)时代性与传承性并举

时代性与传承性,看似矛盾,实则相通。时代性强调的是体育课程内容要紧跟时代步伐,反映当代青年的精神风貌与兴趣爱好,选取那些能够引起学生共鸣、激发学生热情的体育运动形式。而传承性,则侧重于挖掘和弘扬具有深厚文化底蕴的体育项目,让学生在锻炼身体的同时,也能领略到传统文化的魅力,接受优秀文化的熏陶。时代性与传承性之所以能在本质上相通,是因为它们都承载着丰富的文化内涵,这些文化精髓是中华民族的宝贵财富,值得我们世代相传,对青年学生的成长具有重要的教育意义。

因此,高校在选择体育课程思政内容时,应坚持时代性与传承性的结合,既要让课程内容贴近学生实际,反映时代精神,又要融入传统文化元素,让学生在运动中感受文化的厚重与魅力。

二、高校体育课程思政内容选择的标准

体育课程融入思政元素,是对体育教育实施的一种政治导向性指引,对体育教学素材的选择起到了关键的规范化作用。这一融合不仅能够激发学生的民族自豪感和自尊心,还能激励他们早日树立起投身社会主义现代化强国建设的责任感与使命感。简而言之,体育课程融入思政元素的核心教学内容可归结为以下几个维度。

第五章　课程思政理念下的高校体育教学改革研究

（一）契合学生身心健康发展需求

体育课程融入思政元素的首要教学内容，是引导学生构建科学的健康认知与观念。强健的体魄是追求梦想、实现价值的基础，故而，在教学的初期阶段，就应着重培养学生掌握身心健康的知识，具备一定的体能提升技巧，以及心理健康的维护与建设能力，确保他们拥有优良的身心状态。

在体育课程中融入思政元素时，首要任务是塑造新时代大学生应有的精神面貌与价值追求，引导他们养成健康的生活习惯，理解并实践身心健康的保持之道，使学生在成长过程中就树立起健康的生活态度与行为习惯。这不仅能让学生积累丰富的体育知识与技能，还能促使他们将这些知识灵活应用于日常生活，鼓励学生践行理论与实践相结合的生活哲学。体育课程在增强学生体质的同时，也对提升他们的心理健康有着积极作用，从而推动其身心全面、健康地发展。

（二）以爱国主义教育为根本导向

集体主义的升华便是爱国主义，在体育教学中，学生从个体、集体到国家的思想政治素养逐步得到升华，这是体育课程独有的优势。与其他学科相比，体育教学能够触及学生的多个层面，因此对学生的影响也是多维度的。虽然其他学科也会进行爱国主义教育，但"实践出真知"，体育课程在爱国主义教育方面有着独特的优势。

爱国主义教育是国家教育体系的关键组成部分，是国家安全与发展的基石。在我国体育教学中，恰当地融入爱国主义教育至关重要。同时，体育教学的形式非常适合进行爱国主义教育。在体育课堂上，学生在学习某项运动技能时，往往会联想到在该项目中取得佳绩的中国运动员。体育教师应抓住这一契机进行爱国主义教育，激励学生树立为国家荣誉与利益不懈奋斗的崇高理想。

（三）着重学生理想信念的培育

体育教学富含丰富的身体力行活动，这些活动激励学生走出舒适区，勇于面对挑战，不断突破自身的运动极限。在这一历程中，学生的身体得到锻炼，同时，坚韧的意志品质与崇高的精神追求也得以塑造。

体育知识与技能的学习，不仅是智力与身体的双重训练，更是精神品质的塑造过程。在体育教师的引导下，当学生全身心投入体育课程时，会获得全方位的激励与启发。体育训练的过程，是学生建立自信、提升自我效能感的过程，也是明确人生目标与信念的过程。这一目标的实现，离不开思政元素的科学融入。利用体育课程感染力强的特性，应加大对学生理想信念教育的力度。

（四）关注学生集体主义精神的培养

在身心健康与理想信念教育的基础上，当学生已初步具备个人层面的意识与能力后，接下来便是集体主义精神的培养。这体现了体育课程融入思政元素的层次性，通过由易到难、由个体到集体、由基础到高级的逐步推进，全面完成对学生思想政治素养的培育。

集体主义精神的培养在体育课程中具体表现为，激发学生对个体与集体的认知、关注与反思，进而树立科学的集体主义观念。体育作为集体竞技活动的载体，是开展集体主义教育的理想平台。在集体性体育活动中，学生能够全面观察和理解集体的构造与功能，以及个体与集体的关系、个体在集体中的价值体现等议题，从而采取行动使集体利益与个人利益最大化。通过体育教学中的反复实践与锻炼，学生能够形成深刻的个人体验，将所学应用于实践，逐渐树立起坚定的集体主义信念，自觉形成团结协作、服从大局、遵守纪律等优良品质。

（五）融入奥林匹克精神的培育

奥林匹克精神是现代竞技体育的核心文化内涵，是推动体育事业发展的强大动力。当前我国的体育教学体系也是以竞技体育为基础构建的，因此，在体育课程中强调奥林匹克精神教育是必然选择。同时，奥林匹克精神所倡导的更高、更快、更强地不断突破与探索精神，对学生的健康成长具有重要的引领作用。因此，在课程思政的背景下，加强对学生奥林匹克精神的教育显得尤为重要。

此外，奥林匹克精神还蕴含着团结、平等、公正、友谊的精神价值，这些都会激励学生积极向上、勇往直前，学会尊重他人并追求公平公正的竞技关系，从小养成尊重、关心他人、诚实守信的生活态度，为学生建立良好的社会关系奠定坚实的基础。

三、高校体育课程思政核心教学内容的选择

体育课程与思政教育的融合,旨在通过政治导向、国家情感、文化修养等维度的教育供给,系统地向学生传授中国特色社会主义理论、社会主义核心价值观以及法治理念,从而坚定学生的信念与理想。

具体来说,以下几方面内容的教学是当前高校体育课程思政化的重要内容选择。

(一)健康心态与体质培养

强健的体魄与积极的心态是学生在竞争激烈的社会环境中稳步前行、抢占先机的基础。体育课程借助人体活动的形式,不仅能提升学生的体质水平,还能促进其心理健康发展。

(二)民族情感与爱国精神

爱国情感是每位中国人内心深处最真挚、最直接的情感表达。培养社会主义建设者和接班人,首要任务是激发其爱国情怀。体育课程思政应充分利用课堂教学的主阵地,将爱国主义精神融入课程,点燃学生的爱国热情,激励其将爱国之志转化为实际行动,为国家的繁荣发展贡献力量。

(三)理想与信念

我国体育事业的发展历程充满艰辛与挑战,但体育健儿们凭借坚定的理想信念,共同铸就了体育强国的梦想。体育课程思政应向学生传授体育历史与文化,展示我国体育史上的感人故事,加深学生对体育事业发展的理解,并强化其责任感和使命感。

(四)集体主义精神

在学校体育课程思政中融入集体主义教育,旨在引导学生正确认识集体利益与个人利益的关系,坚持集体主义原则,让学生在集体项目中培养团队协作、服从大局、遵守纪律等优秀品质。

（五）法治观念与规则意识

学校对学生的教育应全面覆盖，体育课程也不例外。在体育教学中，可以结合体育竞赛对学生进行法治观念和规则意识的教育。作为未来社会的主人和国家建设的中坚力量，学生必须在校期间就掌握相关的社会运动规则，以适应社会的发展和应对未来的挑战。这需要通过法治教育和规则意识的培养来加以约束。体育教师可借此机会进行民主法治和组织纪律教育，让学生在真实情境中感受社会主义核心价值观的深刻内涵，并强化其道德规范意识。同时，还应加强课堂纪律管理，培养学生的规则意识和纪律观念。

以高校足球理论教学为例，体育教师可结合具体教学内容在教学过程中融入思政教育内容（表 5-2）。

表 5-2 足球课程基础理论教学的思政教育内容融入[1]

教学主题	教学内容	思政元素
足球概述	让学生了解足球运动起源、内涵、发展状况，加深学生对足球运动的理解与认识。	帮助学生树立正确的历史观念，培养学生自强不息、爱国的优秀品质。帮助学生树立全球意识，学习他国先进经验，弘扬中华民族传统美德，增进世界交流。
足球文化与精神	帮助学生了解足球文化与精神，加深学生对足球文化的理解与认识。	培养学生正确的行为准则、处世态度和价值观念，弘扬自强不息、积极进取、谦虚谨慎、敢于担当的中华民族传统美德。培养学生理性、沉着冷静的优秀品质。
足球比赛相关规则	帮助学生了解足球相关规则，加深学生对足球规则的理解与认识，形成规则意识。	帮助学生树立正确的法治观念和规则意识。提升学生自我约束和保持理性能力。
优秀足球运动员、教练员的成长	帮助学生了解优秀足球运动员的成长过程，感受优秀教练员具备精神品质。	培养学生自强不息、谦虚谨慎、爱国、友善的优秀品质，在未来践行关爱学生、教书育人、奉献精神的职业道德。

---

[1] 江凯. 师范专业公共足球课程思政元素融入的研究[D]. 沈阳：沈阳师范大学，2023：36-37.

四、高校体育课程思政内容的组织

在学校体育教学的范畴内,将思政内容融入课程设计是一个复杂而细致的过程,通常采取以下三种组织策略来确保教育效果的最大化。

(一)螺旋式与直线式教学的巧妙融合

将思政元素融入体育课程,同样需要遵循教育的一般规律。学生在掌握新知和技能的过程中,往往遵循着螺旋式上升的路径。因此,在构建体育课程思政内容时,螺旋式教学模式应当成为核心考量。这里所说的体育课程思政,并非单纯要求学生熟稔马列理论,而是以体育技能学习为主轴,穿插思想政治教育,特别是强调中国特色的社会主义核心价值观、正确的人生观和世界观的培养,以及个人道德修养与精神品质的锤炼。这些思政要素的教学,如同螺旋般逐步提升,通过连续且逐步深入的方式,不断强化学生的思想道德体系。

然而,螺旋式教学并非孤立存在,直线式教学作为其补充,共同作用于学生思政素养的提升。两者相辅相成,能有效提升学生的思政水平,推动学生全面发展。在具体的教学单元中,直线式教学能够直接、清晰地传达思政教育的核心信息,为学生提供明确的价值导向。例如,在特定课程模块中直接引入思政主题,通过直接讲解和讨论,使学生迅速把握思政要点。而螺旋式教学则侧重于反复强化某些思政教育内容,通过不断地重复与深化,达到深入人心的教育效果。

(二)横向与纵向组织的有机结合

除螺旋式与直线式教学外,体育课程思政还采用横向与纵向的组织方式,两者结合使用更能贴合教学实际,提升教学效果。横向组织方式体现在体育课程与思政教育的融合上,这是一种跨学科的创造性整合,旨在实现教育资源的最大化利用,是新时代教育探索的重要方向。通过将体育与思政教育相结合,不仅打破了学科壁垒,实现了体育活动与思政教育的无缝对接,还拓宽了学生的思维视野,使他们认识到知识间的内在联系,理解不同学科虽各有侧重,但在现实生活中却相互交织,共同构成复杂多变的世界图景。

纵向组织方式则侧重于体育课程内部各项目的连贯性和深度拓展。

在规划每学期体育教学内容时,注重各运动项目的纵向衔接,确保学生能够全面深入地了解和学习各项体育技能。同时,随着体育知识和技能的深入,从思政教育的角度,也需逐步增加思政教育的深度和广度,以提升学生的思政素养。

总之,通过横向与纵向组织的有机结合,体育课程思政内容得以科学合理地安排,使学生能够接受全面、有效的思政教育,为培养符合时代要求的新时代人才奠定坚实基础。

(三)显性与隐性教育的双重作用

人才培养是一个系统工程,不仅限于课堂教学,而是贯穿于学生的日常学习和生活之中。体育课程思政的实质,在于将思政教育融入体育教学的各个环节,以隐性的方式传递思政信息。因此,在构建体育课程思政内容时,必须兼顾显性与隐性教育的双重作用。

显性教育主要体现在体育教学的目标、内容和模式上,这些方面直接展示了体育教学的方向和重点。而隐性教育则更加微妙,它通过将政治观念、思想文化和道德品质的教育意图隐含于体育教学之中,使学生在不知不觉中接受思政教育。在体育课程中,教师可以挖掘体育精神,凝聚体育力量,通过提升学生的运动能力和优势,同时进行思想道德的培育,引导学生形成良好的学习习惯和生活方式。这种隐性的思政教育方式,既能够增强体育教学的吸引力,又能够使学生在享受体育乐趣的同时,潜移默化地提升思政素养。

第四节 高校体育教学的德育目标与德育方法渗透

一、高校体育教学的德育目标

体育课程思政的核心聚焦于德育目标,旨在塑造并引导学生的思想品德。明确德育目标,是体育课程思政的首要任务。

首先,体育课程应致力于帮助学生树立正确的价值观和人生观。在这一过程中,社会主义核心价值观成为最高指引,鼓励学生深入思考个人价值、社会归属及人生规划。通过融入核心价值观,学生得以提升自

第五章　课程思政理念下的高校体育教学改革研究

我要求,将个人成长与国家和社会的建设相结合,力求实现最大的人生价值。

其次,体育课程思政强调将德育成果转化为实际行动,实现知行合一。这不仅是思想层面的建设,更是对青年学生的具体德育要求。在体育课程中,教师应通过体育实践,对学生的言行进行引导与规范,促使他们主动构建符合新时代特征的价值观和行为准则。这样的教育目标,旨在培养具有社会主义建设者和接班人特质的新时代人才,让他们在体育活动中不断锤炼意志,提升品德,最终成为社会的有用之才。

二、高校体育教学德育渗透的具体教学方法

在高校体育教学中,德育的渗透无疑是一项细腻而深远的工作。方法,作为通往目标的桥梁,其选择与运用直接关乎教育成效。对于已步入成年阶段的大学生而言,高校体育教学的德育渗透方法更需灵活多变,以适应这一群体的心理与生理特点。

(一)以身作则的示范教育法

在体育教学这一特殊领域,体育教师不仅是技能的传授者,更是品德的示范者。他们与学生之间的频繁互动,使得每一个细微的动作、每一句不经意的话语都可能成为学生模仿的对象。尤其对于正值青春年华的大学生而言,他们往往对体魄强健、充满活力的体育教师抱有天然的亲近感。因此,体育教师应充分利用这一优势,通过自身的行为表率,潜移默化地影响学生,成为他们的道德品质方面的学习模样。无论是课堂上的严谨态度,还是课下的谦逊有礼,都应成为学生心中的道德标杆。教师应时刻注意自己的言行举止,确保这些能够传递出积极向上的道德信息,激发学生对美德的追求与效仿,从而在他们心中播下关爱他人、勇于担当的种子。

(二)循循善诱的说服教育法

说服教育,作为思想品德教育的传统手段,虽在低年级学生中效果更为显著,但在高校体育教学中同样不可或缺。体育教师可通过讲解规则、讲评比赛、组织座谈讨论以及个别谈心等方式,深入浅出地阐述道德观念,引导学生明辨是非,提升道德认知。

在实施说服教育时，教师应充分了解学生的思想动态，结合具体事例进行深入剖析，做到有理有据、以情感人。面对思想活跃的大学生，教师更需注重说服的艺术性，避免空洞的说教，力求达到事半功倍的教育效果。

（三）实践锻炼中的品德塑造法

体育是一门实践性极强的学科，它为学生提供了丰富的实践机会，成为培养优良品德的沃土。教师应结合体育教学的特点，设计具有针对性的实践活动，让学生在挑战与磨砺中锻炼意志、陶冶情操、领悟人生价值。通过参与不同难度的体育活动，学生不仅能够学会面对困难与挫折，还能在集体项目中体会到团结协作的力量，进一步增强集体荣誉感和爱国主义精神。

（四）竞争与合作并重的激励教育法

针对大学生的年龄特点，体育教师应引导他们正确看待竞争与合作的关系。在教授体育技能的同时，也要注重培养学生的心理承受能力，让他们学会在胜利面前保持谦逊，在失败面前不失勇气。同时，教师还需加强纪律教育，增强学生的法治观念，使他们明白个人能力的发挥离不开团队的配合与支持。通过鼓励正当竞争，反对个人英雄主义，教师可以有效培养学生的团队协作精神，促进他们全面发展。

（五）环境育人的熏陶教育法

体育教学多在室外进行，自然环境成为影响教学效果的重要因素。无论是冬日的严寒还是夏日的酷暑，都是对学生意志品质的考验。教师应充分利用这些自然条件，锻炼学生的适应能力。此外，一个整洁有序的教学环境也是不可或缺的。干净的运动场地、清晰的跑道线、整齐的器材摆放，不仅能给人以美的享受，还能潜移默化地培养学生爱整洁、讲卫生的良好习惯。

（六）正面激励的表扬鼓励法

无论学生处于哪个年龄段，表扬鼓励都是激发其内在动力的有效手段。在体育教学中，教师应及时捕捉学生的闪光点，对他们的良好表现给予充分的肯定与表扬。这种正面激励不仅能够增强学生的自信心，还能激发他们的积极性与创造力。在表扬时,教师应坚持公平公正的原则,对每一个学生都给予同样的关注与尊重。对于曾经犯过错误的学生,更应善于发现他们的进步与努力,给予实事求是的表扬,帮助他们重拾信心,勇敢前行。[①]

三、高校体育教学德育渗透质量提升的方法

在体育教学与德育教育的深度融合中,精心设计与巧妙布局是确保教学效果的关键。在当前体育教育多元化发展的背景下,我国各高校积极响应国家政策,对体育教学的手段与内容实施了全面改革。通过增加多样化的体育项目并实行选课制度,学生得以根据个人兴趣自由选择体育课程,这一变革极大地丰富了体育教学的模式,营造了浓厚的体育改革氛围。各高校间相互学习改革经验,通过监督协作,共同推动了我国体育教育的进步。不过,虽然已取得一定成果,但仍面临不少挑战与问题。

要进一步提升体育教学中德育渗透的教学质量,可采取以下策略。

(一)提升德育教学的地位

将德育融入体育教学的目的是在增强学生体质的同时,培养其精神品质,提升体育教学的整体价值。但德育教育的改革往往涉及教学模式的大幅调整,若处理不当,可能会偏离体育教学的初衷,导致德育教学质量下降。因此,高校须明确德育在体育教学中的核心地位,以确保体育教学的最终目标得以实现。

(二)加强德育元素的融入

体育课程中的思政教育,首要任务是精准选取教学环节,巧妙地将德育元素融入其中,确保体育教学的连贯性与完整性不受影响,同时赋予其更深层次的内涵。这一过程中,丰富体育教学中的德育元素成为核心所在。通过多维度的德育内容,体育教学得以更加立体、饱满,学生在享受运动乐趣的同时,也能接受到全面的教育熏陶。这种教育方式所传

---

① 陈金祥.普通高校体育教学中的德育渗透途径与方法[J].新西部(理论版),2012(4):157.

递的知识与体验,更加贴近社会现实,有助于学生将所学所得应用于日常生活,实现个人成长与社会发展的和谐统一。

(三)提升教师的德育素养

"身教重于言教"的理念,在体育课程思政教学中同样适用。体育教师作为教学中的关键角色,其言行举止对学生产生着深远的影响。在教学过程中,师生间的紧密互动与合作,不仅让学生直接获取知识与技能,更在无形中观察、模仿教师的行为模式。因此,体育教师自身的德育素养成为德育渗透的重要资源。

为了提升这一路径的有效性,体育教师需自觉加强德育修养,学校也应承担起培养体育教师思政水平的责任,构建完善的培育体系。通过系统的、长期的、专业的思政培训,全面提升体育教师的思政素养与德育能力。这包括加强师德师风建设,提升教师的职业道德水平,以及强化教师对德育教育的理解与实践能力。通过这些措施,体育教师能够更好地发挥榜样作用,以身作则,引导学生形成正确的价值观与道德观。

(四)强化学生的德育认知

为了改善当前状况,需加深学生对德育教育的认知。在大学阶段,学生接触的事物更加广泛,知识面得以扩展,逐渐形成了自己的认知框架。然而,由于大学生的思想尚未完全成熟,其认知体系中可能存在一些偏差或误解。在体育教育中的德育教育方面,许多学生仅仅看到了其表面上的单调乏味,而未能领悟到其深层的意义。因此,在这种错误观念的引导下,学生可能会产生不正确的思想和行为。积极的学习态度能够激励学生面对问题时主动思考,给予正面评价;而消极的态度则会阻碍德育教育的推进,甚至可能误导学生步入歧途。因此,有必要引导学生重新审视德育教育的价值,纠正学习态度。

(五)改革德育教育方式

针对当前体育教学中德育教育的现状,改革势在必行。历经数十年的发展,我国高校体育教育已初步形成了一套管理体系,但在新时代背景下,传统的德育教育渗透手段和体育教学方法已难以满足国家和社会对体育教育质量的高要求。传统德育教育方式单一、枯燥,主要依赖教师的口头讲述,且教育时间和内容分配有限,难以激发学生兴趣,甚至导致学生产生排斥和厌烦情绪,进而影响教学质量和德育教育思想的传播。

(六)健全德育教育规划

为了促进德育教育与体育教学的紧密结合,需要制定完善的体育教育中德育教育环节的组织与规划。在实施德育教育的过程中,要加强学校的师资队伍建设与教学设施配备,清晰界定各人员的职责范围,并加大体育教学的调研力度。此外,还需构建完整的德育教育与体育教学的融合环节,以提高体育教学中德育教育的渗透效果,全面提升学生的综合素养。[①]

第五节 高校体育课程思政教学效果评价

一、高校体育课程思政教学效果评价内容

在构建体育课程思政教学效果评价体系的框架时,精准界定评价范畴、细化评价内容、设定合理评价标准是不可或缺的基石,而评价内容的设定无疑是这一体系的心脏地带。

鉴于不同教育阶段体育课程思政的教学目的各异,其教学效果的评价标准虽各有侧重,但基本上可从宏观与微观两大维度进行系统性剖析,具体阐述如下。

(一)宏观维度

宏观评价视角跳脱于具体的教学成果与流程之外,侧重于从全局高度,选取若干核心要素,运用信息收集与数据分析等方法,对体育课程思政教学某一阶段的表现进行质性评估。这一维度的评价内容包括以下几个方面。

---

① 段坤.高校体育教学中渗透德育教育方法的思考[J].当代体育科技,2019,9(23):135-136.

1. 目标导向性

体育课程思政教学是否树立了清晰的教学目标，这些目标是否紧密贴合社会主义核心价值观，是否符合国家长远发展规划中的人才培养战略要求。

2. 学生全面发展

教学是否有效促进了学生身心的健康成长，体现在学生群体是否展现出积极向上、热爱学习、珍惜生活、心系国家的精神风貌。

3. 制度规范性

学校是否依据自身师资力量与综合环境条件，制定了科学合理的体育课程思政教学管理制度与指导性文件。

4. 师资建设

是否构建了面向体育教师的长期、系统性思政素养提升计划，是否通过激励机制表彰优秀教师，确保教师思政与教学能力的持续提升，形成良性循环。

综合上述评价内容可知，宏观评价旨在全面审视体育课程思政教学的整体效能，评估其能否正面推动教学效果的提升，并赢得学校、教师、学生、家长乃至社会的广泛认可。

(二)微观维度

相较于宏观评价的宏观视野，微观评价则更加聚焦于实践操作层面，为体育课程思政教学的具体实施提供细致指导。具体包括以下评价内容。

1. 教学目标评价

体育课程思政的整体目标与分解目标是否与国家教育方针及学校育人目标相契合，其科学性、可行性及与学生成长需求的匹配度如何，是否贴近学生生活实际。

2. 教学内容评价

教学内容的选择与编排是否既符合体育课程特点,又有效融入思政元素,实现知识传授与价值引领的双重目标。

3. 教学组织评价

教学组织形式是否灵活多样,能否有效激发学生的学习兴趣,促进师生互动与生生合作。

4. 教学实施评价

教学方法、手段的运用是否得当,能否有效完成教学目标任务,同时关注学生的个体差异,实施差异化教学。

综上所述,体育课程思政教学效果的评价是一个多维度、多层次的过程,既需宏观把握教学方向与目标,又需微观细化教学实施与反馈,以期全面提升教学质量,促进学生全面发展。

二、体育课程思政教学效果评价机制构建

在体育课程思政教学实践中,构建一个科学、合理的评价机制是确保教学质量、提升教学效果的关键所在。这一评价机制不仅是对体育课程思政教学效果的全面审视,更是推动体育教学与思政教育深度融合的重要保障。以下是对体育课程思政教学效果评价机制各要素的深入探讨。

(一)确立合理的评价目标

在构建体育课程思政教学效果评价机制的过程中,首要任务是确立合理的评价目标。这些目标应当具备科学性、合理性和可操作性,能够全面、多维地反映体育课程思政教学的实际效果。评价目标的设定应基于学生的实际情况和思政发展规律,综合考虑学生的认知能力、价值倾向和行为反应等多个方面。

从学生的角度出发,评价目标应关注学生在体育课程思政教学中的成长和进步,包括他们对体育知识的掌握程度、思政内容的理解深度以及实际运用能力的提升等。同时,还应考查学生在学习过程中的态度变

化、方法运用以及团队协作能力的培养等。

从教师的角度出发,评价目标应涵盖教学团队间的协同配合程度、体育课程思政资源的丰富性和全面性、教学环节设计的科学性以及教学方法的创新性等方面。这些目标的设定有助于引导教师不断提升自身的教学能力和水平,为体育课程思政教学质量的提升奠定坚实基础。

然而,需要注意的是,当前体育课程思政教学实践仍处于起步阶段,评价目标的设定应避免过于狭隘和形式化。不应仅仅以学生的思政理论水平作为唯一的评价因素,而应更加注重对学生认知发展过程、情感变化过程以及价值取向过程的动态考察。只有这样,才能确保评价目标的全面性和客观性,为体育课程思政教学效果的准确评价提供有力支撑。

(二)采用多元的评价方法

体育课程思政教学效果的优劣具有多种表现形式,因此,在评价过程中需要采用多元的评价方法。这些方法应能够全面、客观地反映体育课程思政教学的实际效果,为教学质量的提升提供有力保障。

具体而言,可以采用综合性的多元评价体系,该体系融合了过程与结果评价、总结与形成评价、诊断与发展评价等多个维度。过程评价侧重于评估学生在学习过程中的行为表现及投入程度,而结果评价则聚焦于学生的学习产出及实际成效。总结评价旨在全面检查学生的学习成果,形成评价则关注学生在学习旅程中的逐步进展与变化。诊断性评价旨在发现学生学习中存在的问题和不足,而发展性评价则注重学生的成长和进步。

此外,还可采用问卷调查、访谈、课堂观察等多种评价手段,以获取更加全面、准确的评价信息。这些评价方法的综合运用有助于更加客观、全面地反映体育课程思政教学的实际效果,为教学质量的提升提供有力保障。

(三)制定可靠的评价标准

在构建体育课程思政教学效果评价机制的过程中,制定可靠的评价标准是至关重要的一环。这些标准应能够准确反映体育课程思政教学的实际效果,为教学质量的提升提供有力支撑。

在制定评价标准时,应充分考虑学生的实际情况和发展特点。不同

第五章　课程思政理念下的高校体育教学改革研究

地区、不同民族的学生在认知水平、生活阅历以及成长背景等方面可能存在较大差异。因此,在制定评价标准时,必须充分考虑这些客观情况,并努力制定出符合学生实际和学生生活环境的评价标准。

同时,还应重视体育教师的主体性。体育教师在体育课程思政教学中发挥着重要作用,他们的教学水平、思政意识以及教学反思能力等因素直接影响着教学效果的提升。因此,在制定评价标准时,应加强对体育教师的评价指标,包括他们的思政水平、教学能力及教学反思能力等方面。通过提升体育教师的思政水平和教学能力,为体育课程思政教学质量的提升提供有力保障。

(四)注重及时的评价总结

在构建体育课程思政教学效果评价机制的过程中,还应注重及时的评价总结。通过及时对教学效果进行评价和总结,可以及时发现教学中存在的问题和不足,为教学质量的提升提供有力保障。

为了更好地完成"立德树人"的教学目标,应根据学生在学习过程中的表现及时进行沟通、引导和评价。通过及时评价和总结,可以帮助学生更好地理解和掌握体育知识与思政内容,提升他们的学习能力和综合素质。同时,还可以及时发现学生在学习过程中存在的问题和不足,为他们提供有针对性的指导和帮助。

在评价总结过程中,还应注重以发展的眼光来看待学生的成绩和表现。要把学生的动态成长纳入评价体系,全面考查学生的学习表现,包括其内在品德及外在行为表现、学习态度和学习热情、遇到困难时的最初表现和最终采取的行动等。这些因素的考查有助于更加全面、客观地反映学生的学习情况和发展水平,为教学质量的提升提供有力支撑。

(五)实现精准的评价反馈

在构建体育课程思政教学效果评价机制的过程中,最后要强调的是精准的评价反馈。只有确保评价反馈的精准性和有效性,才能最终呈现出一个可靠、可信、具有科学依据的体育课程思政教学效果的评价机制。

为了实现精准的评价反馈,需要采取以下措施:一是及时收集相关信息。学校的专门评价团队或者体育教师应及时收集整理体育课程思政教学的相关数据信息,并交由负责人员进行深层分析与研究。二是将评价结果及时反馈。得出评价结果后,应及时反馈给相应的教师和学生,让他们能够及时了解、调整和改进教与学。三是评估并反馈测评策略的执行效果与质量。将实施效果纳入体育院系、体育教研室、管理员、体育教师以及学生个人的考核范畴,以此构建一个精确的质量评价反馈机制。

第六节　课程思政理念下高校体育课程思政建设路径

在新时代背景下,随着教育理念的不断革新,课程思政已成为高等教育体系中不可或缺的一环。作为高等教育的重要组成部分,高校体育教学同样需要积极响应这一号召,将思政教育有机融入体育教学之中,以培养学生的全面素质为目标,推动高校体育教学的改革与创新。本节将从加强思政教育与体育教学的融合、不断丰富体育课程思政教学资源、改革完善体育教学模式与体育教学评价等方面,深入探讨高校体育教学在课程思政背景下的改革路径。

一、加强思政教育与体育教学的深度融合

(一)明确思政教育的目标与内容

在课程思政的引领下,高校体育教学的首要任务是明确思政教育的目标与内容。思政教育的目标旨在提升学生的思想道德素质和社会责任感,培养学生的爱国主义精神和集体主义意识。而在体育教学中,这一目标应与体育技能传授相结合,通过体育活动这一载体,引导学生树立正确的体育观念,培养健康的生活方式。

为实现这一目标,教学内容需进行充实与创新。在传授体育技能的同时,应融入更多的思政教育元素,如团队合作、公平竞争、尊重规则等,以提升学生的思想道德水平和社会责任感。例如,在篮球、足球等团队项目中,通过强调团队合作和集体主义精神的重要性,使学生在体育活动中深刻体会到这些价值观的内涵与意义。

第五章　课程思政理念下的高校体育教学改革研究

（二）多元教育方法激发学生兴趣

传统的思政教育方式往往较为单一，难以激发学生的学习兴趣。因此，在高校体育教学中，创新思政教育的方式与方法显得尤为重要。情境教学、角色扮演、小组讨论、案例教学法、实践教学法等现代教学方法的应用，能够有效提升学生的参与度和积极性。

以足球教学为例，教师可以创设一个模拟的比赛情境，让学生在比赛中体验团队合作和竞争意识。通过角色扮演，学生通过扮演不同的角色，如教练、球员、裁判等，从而更加深入地理解足球比赛的规则和策略。

小组讨论是一种有效的学习方式，学生可以围绕某个话题或问题进行深入讨论，共同探索问题解决方案。

案例教学法可以通过分析实际案例，引导学生理解理论知识在实际中的应用。例如，在篮球教学中，教师可以选取NBA等职业联赛中的实际比赛案例，分析战术布置和球员配合的重要性。这种教学方式能够使学生更加深入地理解理论知识，并学会将其应用于实践中。

实践教学法更加注重学生的实践操作和体验。通过组织学生进行比赛实践、项目式学习等活动，让学生在实践中学习和掌握技能。这种教学方式能够提高学生的实践能力和创新能力，培养他们的团队合作精神和领导能力。

总之，教师需要具备相应的专业素养和教育意识，能够灵活运用各种教学方法和手段，激发学生的学习兴趣和积极性。

（三）通过体育课程设置融入思政教育

构建思政教育与体育教学的互动机制是实现两者深度融合的关键。这种互动机制应贯穿于课程设置、教学内容、教学方法等多个环节。

在课程设置方面，可以将思政教育的内容融入体育课程中，如在篮球、足球等团队项目中强调团队合作和集体主义精神的重要性。在教学内容方面，可以将体育技能传授与思想道德教育相结合，如在田径、游泳等项目中强调毅力、拼搏和自律等品质的培养。在教学方法方面，可以采用多种方式相结合的方法，如讲授、示范、案例分析、小组讨论等，以激发学生的学习兴趣和积极性。

二、不断丰富体育课程思政教学资源

（一）发掘思政育人素材凸显体育育人价值

教学素材是落实高校体育教学与育人目标的重要基础。在"课程思政"的背景下，高校体育教学需要更加注重思政育人素材的发掘和整理。传统的高校体育教学往往侧重于体育技能的学习和锻炼，而缺乏对思政教育的重视。因此，改革现有教学内容，融入思政元素，成为当前高校体育教学的重要任务。[1]

首先，高校和教师应深入挖掘现有体育项目中的思政元素。例如，在跑步、跳高、篮球、足球等竞技性项目中，可以向学生传递体育强国、终身奉献的思想观念，培养他们的竞争意识、拼搏精神、公平意识和合作意识。这些元素不仅丰富了体育教学的内容，也提升了体育教学的育人价值。

其次，高校可以积极引进新的体育教学内容，如太极拳、武术、射箭等具有传统文化特色的运动项目。这些项目不仅蕴含丰富的历史文化内容，还能强化学生的民族自豪感和爱国情感，成为体育思政教育的优秀资源。

（二）提高教学资源的利用效率和质量

提升高校体育教学的资源利用效益与质量是核心任务，这需要从资源的规划、创造、管控及应用等多个维度进行综合施策，以实现资源的优化布局与高效运用。

在规划与创造教学资源时，须围绕学生这一核心，深入洞察并满足他们的学习需求与兴趣。借助前沿的教学理念和技术工具，打造出富有吸引力、趣味性和互动性的教学资源，以此激发学生的求知欲和学习动力。比如，在足球课程中，可以构思一系列足球游戏或挑战环节，让学生在享受游戏乐趣的同时，掌握足球技巧。

高校应构建健全的教学资源管理框架，对教学资源实施科学有效的

---

[1] 张洋,张泽一,魏军.高校体育课程思政：育人特性、实践样态与行动方略[J].体育文化导刊,2022（3）:104-110.

管理和维护。通过制定并实施相应的管理规章和标准,确保教学资源的时效性和适用性,进而提升资源的利用效益。例如,可以推行教学资源更新机制,定期更新和优化教学资源,以适应社会发展和学生个性化学习的需要。

教师应充分利用现有教学资源,将其深度融合到课堂教学中,以增强教学效果。同时,教师还需根据学生的反馈和学习成效,不断对教学资源进行迭代和优化,以提升资源的质量。例如,在篮球教学中,教师可以根据学生的实际情况和学习需求,灵活调整教学内容和方式,使教学资源更加贴合学生的学习期望。

(三)加强教学资源的整合与共享

随着数字化技术与网络环境的广泛渗透,高校体育教学中教学资源的整合与开放共享正成为一股不可忽视的潮流。通过这一举措,能够显著提升教学资源的运用效率,进一步推动教育公平,并实现优质教育资源的广泛共享。

高校应当加大对内部教学资源的整合力度。具体来说,可以通过构建一个综合性的教学资源平台,将教师的教学设计成果、多媒体课件、教学录像等宝贵资源加以集中存储与共享。此举不仅有利于增进教师间的沟通协作,还能为教学资源的不断更新与升级创造有利条件。

高校应积极与其他高校、教育机构和社会组织进行合作,实现教学资源的跨界共享。通过建立合作机制,共享优质教学资源,可以打破地域和校际之间的壁垒,促进教育资源的均衡配置和优化利用。这种合作方式不仅可以提升高校体育教学的整体水平,还可以为学生提供更多元化的学习资源和机会。[①]

三、改革完善体育教学模式与体育教学评价

(一)改革体育教学模式加强思政教育渗透

在课程思政的背景下,创新体育教学模式成为实现思政教育渗透的

[①] 张荣."课程思政"背景下高校体育教学现状及改革路径探索[C]//陕西省体育科学学会,陕西省学生体育协会.第二届陕西省体育科学大会论文摘要集(专题七).陕西能源职业技术学院,2024:5.

关键。传统的高校体育教学模式往往单调枯燥,缺乏对学生思政教育的有效引导。因此,改革教学模式,融入思政教育元素,成为当前高校体育教学改革的重要方向。

首先,高校和体育教师应完善体育教学计划,将思政教育目标融入其中。在制定教学计划时,应充分考虑学生的身心素质发展需求,将体育精神、爱国精神、个人意志品德等思政元素与体育技能教学相结合,实现立德树人的教育目标。

其次,体育教师应加强体育教学方法的创新。例如,可以运用故事讲解的方法,将体育运动的历史文化、竞技背景、名人经历等融入教学中,通过讲述故事的方式渗透思政教育。同时,还可以借助信息化教学技术,如录制学生的体育技术动作、制作微课视频等,将思政教育内容融入其中,提高教学的趣味性和实效性。[①]

(二)完善教学评价体系注重思政教育考核

在课程思政的背景下,完善教学评价体系对于推动高校体育教学改革具有重要意义。传统的高校体育教学评价体系往往侧重于学生的体育技能测试成绩和出勤情况等方面,缺乏对思政教育成果的考核。因此,改革评价体系,增加与德育、思政相关的评价指标和内容,成为当前高校体育教学改革的重要任务。

首先,高校应在体育教学评价体系中增加与思政相关的评价指标和内容。例如,可以对学生的意志力、团队合作、拼搏精神等方面进行量化考核,形成有参考价值的体育课程思政教育评价结果。这些结果可以作为教师后期优化教学与育人方案的重要依据。

其次,高校应进一步丰富评价主体。除了体育教师外,还可以鼓励学校辅导员、学生参与体育课程思政教育评价活动。这样可以保证评价结果的客观性和公正性,同时激发学生的自我反思意识和相互借鉴意识,进而实现思想政治素质的不断完善和提高。

---

① 孙长顺."课程思政"视域下的高校体育教学改革探索[J].才智,2024(3):90-91.

四、构建和谐的体育课程思政教育教学环境

（一）培育校园体育文化，开展思政隐性教育

体育文化作为高校体育教学的重要组成部分，对于提升学生的思政水平具有重要作用。在课程思政的背景下，建设健康浓厚的体育文化氛围，成为实现思政隐性教育的重要途径。①

首先，高校应加强体育文化教学设施等物质条件的建设。例如，可以重点选择蕴含思政元素的体育运动项目，加强相关教学设施的配置和场馆资源的建设投入，为学生营造良好的体育学习环境。同时，还可以在教室、体育场馆等场所张贴体育名人的海报或名言警句，建设与体育运动相关的雕塑和健身区等，让学生在潜移默化中接受体育文化和体育精神的熏陶。

其次，高校和体育教师可以组织丰富多彩的校园体育活动。例如，可以举办校园体育文化节、组织学生集体观看体育赛事等，通过这些活动让学生直观感受体育运动的视觉冲击力和情感上的感染力，将体育文化内化为学生的体育道德修养和精神品质。

（二）加强部门教育协同，完善思政育人环境

加强部门教育协同对于推动高校体育教学改革具有重要意义。只有形成多方力量共同参与的教育环境，才能实现思政教育的长效机制。

首先，高校领导者和管理部门应认识到课程思政的作用和成效，积极协调多方力量参与思政教育活动。例如，可以协调行政管理和教学管理等部门做好活动组织和资源投入等保障工作，为体育课程思政育人营造出良好的环境和氛围。

其次，高校各部门之间应加强沟通和协作。例如，可以建立跨部门的工作机制，共同制订和实施体育思政教育的计划和方案。同时，还可以加强与其他学科的交叉融合，形成全方位的思政教育体系，为学生的全面发展提供有力支持。

---

① 赵富学，黄桂昇，李程示英，杜红伟."立德树人"视域下体育课程思政建设的学理释析及践行诉求[J].体育学研究，2020,34（5）：48.

五、创新思政教育教学技术与手段

（一）引入现代教育技术和手段

随着科技的持续进步，现代教育技术和工具为高校体育教学模式的革新开辟了更多路径。多媒体技术、网络通信技术，以及虚拟仿真技术等先进科技的应用，能够显著提升体育教学的成效。

多媒体技术能以动态的方式生动展现运动技巧与要领，助力学生深化理解。比如，在篮球授课中，教师可以借助多媒体技术创作教学短片，将投篮、运球等关键动作的技巧与要领通过动画或视频的形式直观展现，从而使学生能更形象地掌握与学习。

网络通信技术则打破了时空局限，使得在线教学与远程教育成为可能。通过搭建在线学习平台，提供丰富的教学资源与学习辅助，学生可随时随地自主学习与交流。这种教学模式不仅大幅提升了教学效率，还锻炼了学生的自主学习能力。

而虚拟仿真技术能够模拟比赛与训练情境，让学生在仿真的环境中进行实践操作，获得更为真实的学习体验。这种教学方式能够提高学生的技能水平和实践能力，使他们在真实的比赛中更加自信和从容。

（二）构建全媒体式教育体系

在全媒体时代的大潮中，高校体育课程思政建设面临着前所未有的机遇与挑战，亟须我们探索并实践一系列创新举措，以强化体育课程的思想政治教育功能。首要任务是革新体育课程思政的教育理念，构建全媒体式的全新教育模式。这一模式需紧密围绕党的领导核心，以马克思主义基本原理为指引，将立德树人作为教育的根本宗旨，同时充分利用互联网技术的强大力量，通过现代信息技术的广泛传播，整合并创新互联网上的体育课程思政资源，使之与学校的办学宗旨及学生的成长需求相契合，深度融入体育课程思政的各个环节，共同服务于立德树人的宏伟目标。

为了进一步提升体育课程思政的实效性，智慧体育场馆的建设显得尤为重要。高校应着力打造配备先进信息技术、集立体化、数字化、智能化于一体的教学设施的智慧体育场馆。在这里，声音、图像、光影的巧妙

第五章　课程思政理念下的高校体育教学改革研究

结合，将极大地增强体育教学的感染力与吸引力，使得思政教育在体育锻炼中自然而然地渗透，达到事半功倍的教育效果。①

与此同时，体育教师队伍建设亦不容忽视。在全媒体时代，体育教师不仅需要具备扎实的专业素养和高尚的师德师风，还应具备较高的思想政治觉悟和出色的网络素养。这意味着，体育教师应站在政治的高度，熟练运用信息技术，以深厚的育人情怀，引领学生在体育活动中树立正确的世界观、人生观、价值观。

此外，大数据技术的应用为体育课程思政评价机制带来了革命性的变化。通过大数据分析和智能算法，我们可以精确捕捉学生的网络思想动态、课堂参与情况及同学间的协作程度，进而科学总结问题，深入剖析原因，实现精准育人。这不仅有助于提升体育教学的针对性和有效性，也为体育课程思政建设的持续优化提供了数据支持。

总之，深入探究全媒体背景下高校体育课程思政建设的创新路径，对于明确其育人体系、确立发展方向和重点、提升建设质量具有深远的意义。这不仅是对传统体育课程思政模式的超越，更是对新时代高校体育教育改革的一次有力推动。

六、提升教师队伍思政育人的素质和能力

教师是实现高校体育教学一切育人目标的关键，于是提升教师队伍的专业素质和思政育人能力成为推动高校体育教学改革的重要保障。

首先，高校应加强对体育教师思想理念的转变。通过加强对思政教育重要性的宣传，使教师认识到思政教育在体育教学中的重要性，并树立课程思政理念。同时，还应鼓励和引导教师在体育教学中积极融入和渗透思政教育元素，为学生的身心健康发展提供有力支持。

其次，高校应加强对体育教师的专业培训。通过定期组织培训和交流活动，帮助教师掌握体育教学中渗透思政教育的方法和技巧。同时，还可以通过网络搜索先进的思政教育方法和资源，以及外出参观交流等方式，不断提升体育教师的专业素质和能力。

---

① 李壮壮.全媒体背景下高校体育课程思政建设的内涵特征、推行趋向及创新路径研究[C]//中国体育科学学会.第十二届全国体育科学大会论文摘要汇编——墙报交流(学校体育分会).武汉体育学院，2022：2.

第六章 OBE 教育理念下的高校体育教学改革研究

OBE（Outcome based education）教育理念，即成果导向教育，是一种以学生学习成果为核心的教育模式。它着重强调教育的终极目标是确保学生能够达到预设的学习成效。在此框架下，无论是教学规划、执行还是评估环节，均紧密围绕学生应获得的学习成果来展开。将 OBE 理念融入高校体育教学改革之中，旨在全面提升学生的体育素质，并培养其形成终身参与体育活动的意识和能力。这一改革并非简单调整，而是一个涉及多方面的系统工程，它要求教育管理者、体育教师、学生乃至社会各界携手合作，共同努力。通过践行 OBE 教育理念，高校体育教学能够更精准地符合学生的个性化需求，进而提升体育教学的整体质量和成效。如在教学设计上，会更加注重目标的明确性和可衡量性；在实施过程中，会灵活采用多样化的教学方法和手段；在评估环节，则会依据学生的学习成果来进行客观、全面的评价。OBE 教育理念的引入，为高校体育教学改革指明了方向，也为提升体育教学品质注入了新的活力。

第一节 OBE 教育理念的提出及其理论基础

一、OBE 教育理念的提出

OBE 教育理念，又称成果导向教育，由 Spady W. 在 1981 年首次引入提出。这一教育理念在教育界被广泛认为是一种高效培养杰出人才的策略。其核心在于成果导向教育,着重关注学生的个性化需求以及最终学习成果的体现。①

自《工程教育认证标准(2014)》发布以来,我国成果导向教育迈入了迅猛发展的新时期。就培养目标而言,OBE教育理念强调从个体需求出发构建成果框架,进而依据成果框架规划课程体系,旨在通过教学设计确保学生在特定学习阶段达到预期的知识技能与素养巅峰。在课程开发层面,OBE课程设计以"需求引领,成果效能"为核心,旨在构建一个既可量化又可追溯的闭环控制系统,特别关注课程体系与学生能力结构的匹配与覆盖。这显著区别于传统教育过分注重"输入"的做法,OBE课程开发聚焦于"输出"——即学生实际获得的能力。②

综上可知,OBE教育的本质是以学生为中心来开展的教育教学,它注重教育产出,探究对学生可以做什么样的培养、学生在接受教育后应该获得什么样的能力。③OBE教育是对传统教育模式的革新,更加重视教育成果的产出与学生实际能力的提升。

二、OBE教育理念的理论基础

(一)行为主义学习理论

行为主义学习理论的核心观点在于,个体的学习成效主要源自于外界环境的刺激作用。这些刺激,无论是个体有意识接收的还是无意识感知的,都能在一定程度上引导个体逐步积累知识和技能。

在行为主义学习理论框架下,学习成果被明确地界定为一系列可以通过具体、量化的任务来准确衡量和清晰描述的成就。简而言之,行为主义学习理论强调的是结果导向,它侧重于评估学习的最终表现,即学习者通过学习所达到的知识和技能水平。

---

① 李志义.适应认证要求推进工程教育教学改革[J].中国大学教学,2014,29(6):9.
② 程欣泉,郭丽丽,代斌.基于OBE教育理念下大学体育课程的反思与重构[J].滁州学院学报,2021,23(5):105.
③ 任增辉.基于OBE理念的体育教学模式体系的构建[J].冰雪体育创新研究,2022(6):108.

（二）知识技能的建构理论

知识技能的构建理论强调教学应当以学习者为核心，鼓励学习者进行自主学习。在建构主义看来，学习是一个自然而然发生、动态生成的过程。在这一过程中，学习者作为主体，积极主动地构建自己的知识世界，而非被动地接受外部信息的灌输。

知识技能的构建理论倡导的是一种主动探索、自我驱动的学习模式，旨在培养学习者的批判性思维能力和创新能力。通过这种模式的学习，学习者不仅能够掌握知识和技能，更能够学会如何学习，如何独立思考，如何解决问题，从而在未来的学习和工作中具备更强的适应性和竞争力。

从整体来看，OBE 教育强调个体在学习过程中实际达到的学习成果，其核心是教育以学习成果为导向，聚焦个体通过学习"学到了什么"和"能做什么"。

第二节　OBE 教育理念对高校体育教学改革的启示

一、OBE 教育理念对高校体育教学改革的要点

在当今高等教育领域，OBE 作为一种先进的教育理念，正逐步引领着高校教学改革的潮流。OBE 教育理念强调以结果产出为导向开展教育活动，旨在通过明确的人才培养目标、注重的教学过程设计以及优化的教育教学评价，全面提升高校的人才培养质量。以下是对 OBE 教育理念下高校人才培养策略与实践的详细探讨。

（一）明确人才培养目标，对接社会需求

OBE 教育理念精髓在于以最终成果为指引。因此，高校在制定专业培养蓝图时，务必紧密贴合社会需求，确保所设定的人才培育宗旨既契合培养要求，又顺应经济社会发展趋势。高校需深入调研用人单位的实际需求，把握当前及未来社会对人才的渴求趋势，从而制定出具有前瞻视角与针对特性的专业培养蓝图。

第六章　OBE教育理念下的高校体育教学改革研究

对于侧重技术应用的地方高校,更应紧密结合经济社会转型的实际情况,依据新时代人才培养的呼唤,对专业设置进行优化调整。这要求高校在专业布局上与社会经济发展无缝对接,同时在专业培养宗旨上凸显对学生实践能力与创新素养的重视。

此外,高校还需加大人才培养方案的执行力度,明确各主要教学环节的标准。教学管理者与专业教师须对各专业的人才培养宗旨有深刻的理解,明晰学生的素质与能力要求,以及课程体系与课程教学如何满足这些要求。通过入学指导、专业介绍等途径,让学生自入学之初便明确自己的专业培育宗旨与专业导向,从而结合用人单位需求与学校培养质量,规划自己的专业发展蓝图。

(二)注重教学过程设计,提升教学效果

OBE教育理念不仅看重教育的成果,更强调通过有效的教育方式实现教育目标。这就要求教师在课堂教学中,既要提供有助于学生学习成长达到教学目标的优质学习资源,又要注重课堂教学过程的系统性规划。

在教学过程规划中,教师应注重课前、课中、课后的整体效益,实现线上与线下教学的深度融合。通过布置课前预习任务、组织课中教学活动、反馈课后作业,构建完整的教学链条。同时,教师还应灵活运用多种教学方式,如案例教学、小组讨论、项目式学习等,以激发学生的求知欲与积极性。

在专业知识与技能的学习中,教师应关注学生基础知识与基本技能的掌握,引导学生进行扎实的实践操作训练。通过课堂教学的各个环节,使学生在思想政治、科学文化知识、专业技能、身心健康、创新创业能力等方面达到相应的毕业要求。这是大学教育的真正旨归,也是各专业教学与实践环节需明确的教学培育目标。

(三)优化教育教学评价,促进教学改革

OBE教育理念着重于教育的持续改进,而持续改进则建立在持续评价的基础上。高校应以学生为中心、以成果为导向,构建包含培养目标评价、毕业要求评价和课程教学评价的体系框架与实施细则。通过评价、反馈与整改机制,不断推动教学效果的提升。

在课堂教学评价中,高校应从教学内容、教学方法、教学手段、学习效果、目标实现等维度对每门课程、每次课堂教学、每个实践教学环节进行评价。评价过程应形成促进课堂教学质量监督、监测与提升的闭环,注重评价的全面性、科学性与可操作性。既要注重量化成绩的评价,又要注重定性分析的评价,通过评价结果的反馈与整改措施的落实,实现以评促改、以评提质的愿景。

同时,高校还应建立健全教育评价的激励与约束机制,鼓励教师积极参与评价工作,提升评价的质量与效率。通过完善教育评价体系,推动高校人才培养质量的持续提升。

二、OBE 教育理念对高校体育教学改革的方向

(一)以学生为本进行课堂教学设计

OBE 教育理念的两大核心要素——学生中心和成果导向,为高校课堂教学改革指明了方向。在这一理念的指导下,教学设计应紧密围绕学生展开,确保教学活动始终以学生为中心,同时明确并追求具体的学习成果。

在教学目标的设计上,不仅要关注学生基础知识和基本技能的掌握,更要注重培养其学习技能和学习方法,促进其智力和体力的全面发展,同时加强品德教育和个性培养。这要求教师在设计教学目标时,要充分考虑学生的实际需求和学习特点,确保教学目标既具有挑战性又切实可行。

在教学流程与方法的规划上,需确保目标明确,环节条理清晰且富有活力。这包括采用诸如启发、互动、体验等多种教学策略,旨在激发学生的求知欲与主动性。例如,组织专题小组讨论,让学生在团队中探讨课程内容,这不仅能加强他们的团队协作与沟通能力,还能深化对课程的理解。同时,鼓励学生深入阅读相关书籍,撰写并分享读书笔记,以此培养他们的阅读及批判性思维能力。此外,利用班级微信群等平台,激励学生分享学术知识与行业动态,并将部分内容纳入考核,以提升其参与度和学习动力。

鉴于信息技术的迅猛发展,我们应充分利用现代技术手段革新教学方式。比如,引入如超星学习网等在线教学平台,实现线上线下融合的教学模式,即"翻转课堂"。课前,教师可将授课视频及 PPT 上传至平台

第六章　OBE 教育理念下的高校体育教学改革研究

供学生预习;课堂上,则侧重于讨论、解答疑问及知识拓展,以提升教学的精准度和实效性。

(二)以学习成果为核心构建课程体系

遵循 OBE 教育理念,高校课程设计需紧密贴合学生需求与兴趣,构建全面的课程体系。首要任务是设定清晰、多维的教学目标,涵盖知识、技能与态度,促进学生全面发展。评估方法须与目标紧密挂钩,确保评估精准有效。

课程设计强调实践能力培养,通过实践性课程,提供专业技能与实操机会,激发学生的主动性、创造性,实现实践中学、学中成长。项目式学习在此理念下广泛应用,让学生运用知识解决实际问题,深化理解,提升创新与问题解决能力。同时,课程设计应包含自主学习机会,鼓励学生主动思考、分析、解决问题,自主选择学习路径,为未来奠定坚实基础。[1]

(三)重新审视和充实教学内容

在 OBE 教育理念的引领下,教学内容的改革显得尤为重要。一方面,深入挖掘课程中的思政元素,将思想政治教育融入课堂,强化课程的育人作用。教师在传授知识的同时,更要注重提升学生的思想道德和社会责任感。另一方面,教学内容须充实且紧跟学科前沿,反映新思想、新概念、新成果。教师应充分利用纸质材料及线上线下电子资源,如视频、案例、网络等,丰富教学内容和形式。

在选择教学内容时,应以学生为核心,根据其掌握科学知识和提升应用能力的需求,对教材进行加工处理,深度讲解重要内容,常规内容则鼓励学生自习或研讨。这样既能提升学习效率,又能培养自主学习和批判性思维能力。同时,教师应将学科新成果融入课堂,引导学生关注学科发展动态,拓宽视野,激发学习兴趣和探索精神。

(四)改进教学手段和教学方法

在推进 OBE 教育理念的实践过程中,教学手段与方法的革新占据

---

[1] 何林贵.OBE 教育理念视域下高校教学改革路径探析[J].教育教学论坛,2024(21):70-71.

了举足轻重的地位。教师在教学执行时，需全面考量各种因素，将重心置于教学组织上，确保教学思路清晰且主线明确。同时，教师还需熟练掌握教学媒体的应用，启迪学生思考、联想与创新的能力。

关于教学手段的革新，应高度重视信息网络技术与现代教育技术的融合应用。但值得强调的是，采用现代教育技术并非单纯追求形式上的新颖与华丽，而是应立足于课堂教学的实际需求，切实提升教学效果并优化学生的学习体验。所选用的教学手段应具备独特价值，能够便捷地调动网络教学资源，丰富教学组织形式。同时，教师还需充分考虑学生的认知水平及教学设备的实际情况，因地制宜地选择和使用教学手段。

在教学方法的改革上，应突出学生的主体地位，强化其主体意识。教师的核心任务是精准把握教法并指导学生掌握学法，使学生在获取知识的同时，也能习得学习方法并提升个人能力。因此，在选择教学方法时，教师应基于学生的认知水平，并结合教学内容的要求，继承传统教学方法的优势，同时创新教学模式，体现教育的创新与发展。

在OBE教育理念的指导下，高校教学方法应更加多元且灵活，重视启发式教育和问题解决教育，以激发学生的探究欲望和学习兴趣。教师应采用多种教学策略，如布置自主学习任务、推荐学习资源等，鼓励学生主动学习和阅读学术文献，培养其学习动机和学习策略。

此外，教师还应着重培养学生的实践能力、问题解决能力和创新能力。教学目标须与实际应用紧密相连，评估方法也应与教学目标直接相关，以便及时了解学生的学习进展，持续优化课程设计。通过项目式学习、案例分析等实践活动，提升学生的实践能力和创新能力，使其更好地适应未来的职场需求。

在具体的教学实践中，教师应善于将教育理论与教学经验相结合，形成具有个人特色的教学方法。同时，还需注重培养学生的创造能力和直觉思维、发散思维等。这要求教师在教学过程中，不仅要传授知识，更要引导学生进行独立思考和创新实践，以培养其创新精神和实践能力。

最后，教师应鼓励学生进行跨学科合作与学习，提升其对多元化领域知识和实践技能的认知与理解。通过跨学科整合学习思维，培养学生的创新思维能力，使其具备更强的综合分析和解决问题的能力。

（五）丰富实践教育和实践平台

OBE教育理念着重于学生的学习成效与就业竞争力。高校需积极

第六章　OBE 教育理念下的高校体育教学改革研究

提供多样的实践机会,强化实践教育,激励学生探索并解决现实问题。课程设计是实现此理念的核心,应围绕学习成果,设定清晰目标与评估方式,促进学科交叉学习及问题解决能力的提升。

此外,高校还应与企业、科研机构等合作,建立校外实习基地和产学研平台,提供更多实践及就业机会。鼓励学生参与科研项目、社会实践和志愿服务,通过实践锻炼提升自我。实践教育能深化学生知识理解,提高实践能力与职业素养,为未来职业发展打下坚实基础。

(六)改革高校的教学评价体系

在 OBE 教育理念的指导下,高校教学改革评价体系需以学习成果为核心进行构建。该体系需科学反映学生学习状况,激励学生自我评价与提升,提升其学术成就与终身学习能力。

评价体系应全面覆盖学生能力、实践、创新及自主学习能力,制定多样化评价标准与方式,如考试、论文、实验报告、演讲及展示等,以全面评估学习成果。教师应针对每门课程,设计达成教学目标的教学策略与评估方案,结合实际应用场景,采用综合评价法,确保评估结果的客观准确。同时,教师应注重培养学生的自主学习能力,激发学习动力,引导其自主发现与探究知识,通过项目式学习、案例分析等实践活动,提升学生的实践与创新能力,并鼓励跨学科学习,以适应未来职场多元化需求。

(七)提升教师的教学理念水平

在 OBE 教育理念的引领下,高校教学改革需要教师的积极参与和支持。为此,高校应开展教师培训,以提升教师的教学理念,使其更好地融入 OBE 教育模式。培训应涵盖课程设计、学习环境及教学方法等多个维度,帮助教师深入理解 OBE 教育理念下的职业教育思维、方法以及国家政策、法规。同时,教师应掌握学习目标、课程标准及内容,并运用项目式学习、案例分析等先进教学手段,激发学生的学习兴趣与探究精神。

此外,高校还应鼓励教师利用在线教育平台或 MOOC 等资源,自主学习并了解 OBE 理念的发展趋势及跨学科应用。通过持续培训,教师能不断提升自我,满足 OBE 教育理念的要求,为学生的全面发展提供坚实支撑。

第三节　OBE 教育理念下高校智慧体育教学模式的构建

一、OBE 教育理念对高校传统体育教育模式的重构

OBE 教育理念是对原有教育模式的颠覆和重新思考。它遵从教育的根本宗旨，注重学生的全面发展和可持续发展。因此，在贯彻这一教育理念的过程中，必须改变传统的教学思想，着力实现从教师中心向学生中心转变、从知识掌握向能力培养转变、从质量监控向持续改进转变。

具体而言，教师的角色需从传统知识传授者转变为学生学习活动的引导者与支持者。教学重点应从单纯的知识灌输，转向能力培养与素质提升。同时，对教学质量的管理不应仅限于简单的监控和评估，而应致力于教学过程的持续改进与优化。这一系列转变是践行 OBE 理念的关键所在，旨在培养更多具备创新精神与实践能力的高素质人才。[1]

通过上述教学观念和教学实践的调整，高校体育教育将更加贴近实际需求，促进学生全面发展，达到 OBE 教育理念设定的目标与要求。

二、OBE 教育理念下高校智慧体育教学模式的构建路径

在当今教育信息化、智慧化及思政育人的大背景下，高校体育教学正面临着前所未有的变革与挑战。传统的体育教学往往侧重于体育知识和技术的传授，却在一定程度上忽视了学生的个性化需求和体育课堂的育人功能。为了顺应时代发展的趋势，基于 OBE 教育理念，构建智慧体育教学模式，成为提升高校体育教学质量的关键路径。以下是对该构建路径的详细探讨。

---

[1] 马津瑾.OBE 教育理念对高校课堂教学改革的启示[J].郑州师范教育，2022，11（3）：23.

第六章　OBE 教育理念下的高校体育教学改革研究

（一）完善高校智慧体育教学指导思想

在新时代背景下，高校体育教学应秉持"健康第一、终身体育、课程思政、立德树人、以生为本"的指导思想。这一思想不仅体现了体育教学的核心目标，也符合教育发展的创新性和时代性要求。

首先，"健康第一"是体育教学的根本宗旨，旨在通过体育教学提升学生的身体素质和健康水平。其次，"终身体育"强调体育教育的长期性和持续性，鼓励学生将体育锻炼作为一生的习惯。再次，"课程思政"和"立德树人"则要求将思想政治教育融入体育教学之中，培养学生的道德品质和社会责任感。最后，"以生为本"体现了以学生为中心的教学理念，要求体育教学应关注学生的个性化需求，实现因材施教。

在智慧体育的大背景下，高校体育教师应将"课程思政"和"立德树人"的核心思想贯穿教学始终。

（二）将信息化融入高校智慧体育课堂教学的全过程

在 OBE 教育理念的指导下，智慧体育课堂教学可划分为课前、课中、课后三大板块，这种课程教学模式通过智慧化、信息化手段实现体育教学的高效化。

1. 课前导入雨课堂

在课前准备环节，教师可运用雨课堂平台进行班级创建，并邀请学生加入。根据教学计划，教师会将课件、教学视频等数字化学习资源上传至雨课堂，同时发布预习内容、任务和目标，引导学生提前进行课程预习。学生可以借助雨课堂浏览教案和教学视频，对难点内容进行标记或收藏。雨课堂的统计功能能够实时反映学生的预习情况，如签到率、视频观看时长等，有助于教师灵活调整教学策略，聚焦课程的重点与难点。通过这一预习环节，学生的自主学习能力得到锻炼，为课堂学习奠定坚实基础。

2. 课中引入在线互动

在课中教学阶段，教师可结合雨课堂与腾讯会议进行直观且互动性强的教学。雨课堂的签到功能能实时反馈学生的出勤情况，而腾讯会议的直播功能则使得师生能够实时看到对方的画面，增强了教学的直观性和互动性。教师通过播放教学视频或进行直播讲解,引导学生参与课堂活动,进行技能练习。雨课堂的弹幕功能为学生提供了一个即时反馈和讨论的平台,使课堂气氛更加活跃,提高学生的课堂参与度。同时,雨课堂的课堂录制功能为未能按时参加课堂的学生提供了回放学习的机会,确保每位学生都能跟上教学进度。课中教学充分利用智慧教育平台的功能,有效解决了在线教学缺乏直观性和互动性的问题,进一步提升了教学质量。

3. 课后依托 AI 督促学生学练

课后阶段,智慧体育教学模式同样发挥着重要作用。例如,可借助天天跳绳平台作为智能综合体育运动平台,为学生提供了丰富的运动类型和 AI 互动功能。教师可以通过天天跳绳的体智云模块布置课后体育锻炼作业和计划,督促学生进行 AI 互动锻炼打卡。

(三)以大数据、AI 互动营造高校智慧体育教学环境

随着大数据和 AI 技术的不断发展,智慧体育教学环境得到了不断地构建与优化,展现出"数据驱动""直观可视"及"高度智能化"的特征。在智慧体育教学的框架内,大数据与 AI 技术扮演着核心角色。学生可利用移动设备访问丰富的运动资源,并获得 AI 提供的个性化运动指导。教师则能借助 AI 系统实时监测学生的运动数据,运用智慧教学策略激发学生的探索兴趣,拓宽其体育认知,维持其运动热情。

为了营造更加出色的智慧体育教学氛围,高校体育部门应给予足够重视,摒弃传统教学观念,不断完善智慧体育教学体系。这涉及建立智能化教室、装配高清大屏及高清摄像头等硬件,以及充分利用智慧体育软件与 AI 技术,从视觉、感官及体验层面打造沉浸式学习环境。这种环境能让学生深刻记忆动作技术和知识,近乎还原线下教学的真实体验。此外,智能软件还能执行智能指导与监督任务,部分替代教师的职责,释放教师的教学潜能。

高校体育教学的信息化是大势所趋。因此,需以大数据为指引推进体育实践,以 AI 技术为支柱推动智慧体育教学的发展。通过充分发挥大数据与 AI 技术在体育教育领域的优势,能够进一步提升体育教学的质量与效率。

（四）构建高校体育教学人工与智能协同评价体系

针对当前学生体质下滑、体育锻炼积极性不高、肥胖与近视问题严峻等现状，国家出台了一系列政策文件，旨在强化全民健身机制，并对高校体育工作提出了"考核引导、学习促进、训练强化"的明确要求。

为积极响应这些政策导向，高校须坚守"传授技能、勤于练习、常态竞赛"的基本原则，致力于学生的品德教育与全面发展。同时，需以学生为中心，构建课内课外、线上线下相结合、有序管理的制度框架。通过加强思想教育和引导，让学生深刻领会课外锻炼的价值，尊重其个性化需求，培养其良好的运动习惯。

为进一步深化管理体制改革，高校应将课外体育锻炼融入新的学业评价体系，打造人工与智能相结合的评价机制。该机制旨在激励学生每日参与课外体育锻炼，并借助智慧体育平台，构建全面的智慧体育教学评价系统。通过强化智能评价在教学评价中的作用，可以有效释放教师的教学压力，使其有更多精力投入教学改进与创新。

（五）进一步提高教师信息技术的掌握与运用能力

高校智慧体育教学的发展离不开教师队伍的信息化转型，这一转型的实现需内外因素协同作用。外部因素主要涉及教育主管部门及学校层面，而内部因素则聚焦于教师对信息化的认知与实践。

为提升教师队伍的信息化能力，需开展系统性的信息技术培训，该培训应与入职前培养相衔接，确保目标明确、重点突出、方法科学。通过实践，教师应能将所学信息化知识转化为教学能力，这要求他们发挥主观能动性，采用学生喜爱的教学方式。

长期的信息化教学实践有助于教师探索并发现信息化教学的新途径，从而形成对信息化教学的深刻理解。借助大数据技术，可以进一步推动教师队伍的信息化转型，如提升教学内容的数字化程度，增强体育教学方法的智慧性，以及构建全方位的体育教学评价体系。这些举措将有力促进传统体育教育向智慧体育教育的转型升级。

第四节　OBE 教育理念下高校体育教学评价的革新

在当今教育领域，OBE 教育理念正逐步成为推动教学改革的重要力量。这一理念强调以学生的学习成果为中心，通过明确、具体的学习目标来指导教学设计和评价过程。在高校体育教学中，特别是在体育课程思政教学方面，OBE 教育理念的引入为教学评价体系的革新提供了新的视角和思路。

一、OBE 教育理念下高校体育教学评价体系的革新

在 OBE 教育理念的指导下，高校体育课程思政教学评价的首要任务是明确评价的目标，即提升人才培养质量。这一目标要求我们在教学评价中，不仅要关注学生的体育技能和身体素质的提升，更要注重其思想品质、价值观念等方面的培养。因此，我们需要构建一个以问题为导向的评价指标体系，该体系应能够全面、准确地反映学生在体育课程教学中的学习成效。

具体而言，这一评价指标体系应涵盖多个方面，包括学生的体育技能掌握情况、身体素质提升程度、体育精神的培养、红色体育文化的传承、情感教育以及思想教育等。在构建过程中，我们需要结合评价的主体（如教师、学生、教学管理人员等）、对象（即体育课程教学）、内容（如教学目标、教学内容、教学方法等）、方式（如定量评价、定性评价等）以及管理等多个维度，不断丰富、创新和发展评价指标。

同时，还应注重评价指标的时效性和针对性，确保它们能够紧密围绕人才培养质量这一根本任务，以学生的学习成果为重要评判依据。通过持续改进教学策略，解决教学中出现的各类问题，为教学改革和构建

第六章 OBE 教育理念下的高校体育教学改革研究

新型教学模式提供有力的数据支持和信息参考。[①]

此外,在 OBE 教育理念下高校体育教学评价实践中,应基于学生已掌握的体育运动技能水平和学习过程的自我提升程度,综合考虑理论课成绩、课堂分组竞赛成绩、课外锻炼成绩,并参考《国家学生体质健康标准》,以确保课程评估的完善性和有效性。

二、OBE 教育理念下高校体育教学评价过程的革新

(一)强调体育教学评价的实效性

高校体育课程教学评价的最终目的体现在育人效果上。因此,我们需要通过多元主体教学评价的反向引导,对育人效果进行持续反馈和调节。这不仅可以不断改进教学策略以应对新变化,还可以推动和激励高校体育教师深入剖析课程思政元素,持续挖掘高校项群类体育课程中所蕴含的传统民族文化、红色革命文化、中华体育精神等思政元素。

为了提升育人效果和价值,我们还需要在教学评价过程中细化设计评价指标体系,利用评价反馈监督机制,不断纠正教学实践中的弊端。这不仅可以检验高校体育教师的业务能力和职业素养,还可以对学生的学情进行科学考察和分析研究。通过赋予评价指标相应的分值,我们可以构建出更有利于人才培养质量的高质量评价指标体系,从而确保教学评价体系在落实立德树人的根本任务和提升人才培养质量上发挥实效。

(二)注重体育教学评价的持续性和科学性

高校体育课程教学评价体系的改革创新是提升教学质量和水平的关键。我们需要紧紧围绕立德树人这一根本任务,深刻领会高校体育课程教学改革的紧迫性和现实性。通过深入挖掘高校体育学科的思政育人要素,树立"体育课程承载思政,思政寓于体育课程"的课程改革意识,我们可以为教学评价提供政策支撑和制度保障。

为了实现评价体系的持续性和科学性,我们需要强化顶层设计,让教学评价成为衡量和检测课堂教学各环节质量的主要手段。同时,我

[①] 王晓林,周玉成,敖灿,等.OBE 教育理念下高校体育课程思政教学评价体系创新构建与应用研究[J].体育科技文献通报,2024,32(9):217.

们还应引导和激励广大高校体育教师在 OBE 理念指导下,积极投入高校体育课程教学改革与建设。通过不断提升高校体育教师队伍的课程思政素养,我们可以形成优质的 OBE 教育理念下高校体育课程教学案例库。

三、OBE 教育理念下高校体育教学评价机制的革新

在 OBE 教育理念指导下,高校应注重改革创新教学评价体系,构建高校体育课程教学改革评价机制。在教学评价中持续实现高校体育课程教学的育人目标和任务,完善高校体育教师教学评价与学生量化评价中的思政教育标准。在科学、全面、多元主体参与的教学评价中全面落实立德树人的根本任务,为高校体育课程教学的发展注入新的活力和动力。

OBE 理念强调对学生学习成果的评估,这凸显了教学评价的重要性。因此,教师必须转变传统的考核评价方式,对学生的体育学习成效进行全过程、动态化的评估。OBE 理念要求在学生自主探究的过程中提升学习能力和获得能力提升,这涉及对学生体育能力进行全面评价的问题。具体而言,高校需做好以下工作。

首先,高校应考虑体育课程评价的整体性与综合性,将体育课成绩、课程体育锻炼成绩、日常测试成绩、乐于参与体育活动的频度等多个要素纳入评价体系。

其次,高校应重视对体育课进行全过程评价,重点评价个人能力与团队能力,并注重形成性评价。例如,当前一些高校采用的"大型开放式网络课程(MOOC)与运动教育课程与教学模式(SE)"具有显著的应用优势。该模式通过结构化的方式将运动知识、健康知识、专项体能等纳入教学模块,实现课程与教学内容的优化组合。此外,借助"雨课堂"形式对学生进行体育知识和技术的讲解,在教学过程中进行形成性评价,与分组比赛的评价共同形成一个完整的评价体系,让学生共同参与体育学习,相互帮助与监督,共同改进,最终实现提升。[1]

由此可见,OBE 教育理念引领下的高校体育教学评价革新是一个

---

[1] 任增辉.基于 OBE 理念的体育教学模式体系的构建[J].冰雪体育创新研究,2022(6):110.

系统工程,需要从多个方面入手,以问题为导向构建核心评价指标体系、强调评价实效提升育人效果和价值、注重改革创新实现评价体系的持续性和科学性。只有这样,才能不断提升高校体育课程教学的质量和水平,为高校人才培养质量的提升贡献更大的力量。

第五节 基于OBE理念的"大体育"教学体系

一、基于OBE理念的"大体育"教学体系构成

在当今教育改革的浪潮中,OBE作为一种先进的教学理念,正逐渐引领着教育领域的变革。其核心思想在于,教育的最终目的是确保学生能够达到既定的学习成果,而非仅仅满足于课程内容的传授与完成。在这一理念的指导下,"大体育"教学体系应运而生,它旨在通过全面而深入的体育教学,塑造学生的综合素质与能力,引领他们走向健康、积极、富有团队精神的生活方式。

(一)教学理念与目标

"大体育"教学体系根植于OBE理念,其根本目标是促进学生的全面发展。这一体系不仅关注学生的身体健康,还重视其心理健康、社会适应能力、体育技能以及团队合作精神的培养。它强调,体育教学不应仅仅停留在运动技能的传授上,而应成为塑造学生健全人格、提升生活质量的重要途径。通过体育教学,学生将学会如何管理自己的身体,如何在团队中协作,如何面对挑战与竞争,以及如何培养坚韧不拔的意志品质。

(二)课程设置

"大体育"教学体系的课程设置力求多元化与个性化。它涵盖了田径、球类、游泳、武术等多种体育项目,旨在满足不同学生的兴趣与需求。

在课程设计上,OBE理念要求教师既注重基础技能的训练,又强调理论知识的学习与实践应用的结合。通过丰富的课程内容,学生可以在

享受运动乐趣的同时,掌握科学的锻炼方法,理解体育精神的内涵,为终身体育打下坚实的基础。

(三)教学方法

教学方法上,"大体育"教学体系倡导多样化的教学策略,如示范教学、合作学习、探究学习等。这些教学方法不仅能够有效激发学生的学习兴趣,提高他们的参与度,还能在互动与合作中培养学生的自主学习能力与创新思维。通过示范教学,学生可以直观地学习运动技巧;合作学习则鼓励他们在团队中相互支持、共同进步;探究学习则引导学生主动探索体育运动的奥秘,培养他们的批判性思维和解决问题的能力。

(四)教学评价

基于 OBE 理念的"大体育"的教学评价摒弃了传统的以课程成绩为主的评价方式,转而关注学生的学习成果与全面发展。

评价内容不仅包括学生的体育技能水平、理论知识掌握程度,还涵盖了团队合作精神、自主学习能力等多个维度。这种评价方式旨在全面、客观地反映学生的成长与进步,激励他们在体育学习中不断追求卓越。

(五)教师角色与专业发展

在"大体育"教学体系中,教师不仅是知识的传授者,更是学生成长的引导者与伙伴。他们需要不断提升自身的专业素质,掌握多样化的教学方法,以适应不同学生的学习需求。同时,教师还需关注学生的个体差异,因材施教,为他们提供个性化的指导与支持。为此,学校应鼓励教师参加专业培训,提升教学能力,促进教师的专业成长。

(六)学校的支持与保障

"大体育"教学体系的顺利实施,离不开学校的全力支持与保障。学校应提供充足的场地设施、丰富的教学资源以及必要的政策保障,为体育教学创造良好的条件。此外,学校还应积极营造浓厚的体育氛围,鼓励学生积极参与体育活动,通过举办运动会、体育节等活动,激发学生的体育热情,培养他们的体育精神。

二、基于 OBE 理念的"大体育"教学体系构建路径

（一）深化学生体育核心素养的培育

体育核心素养的培育，作为高校体育教学的核心目标，其重要性不言而喻。它不仅是体育教学的出发点，更是归宿点，需持续贯穿于整个课堂教学过程，旨在塑造学生的体育关键能力。

高校体育课程的核心素养，涵盖运动能力、健康行为和体育品德三大维度。在教学过程中，激发学生的参与热情，引导他们投身于多样化的体育活动中，从而掌握运动技能，形成对体育健康知识的全面且正确的认知，并养成良好的体育锻炼习惯，最终促使他们构建个人独特的体育生活方式。

为在"大体育"教学模式体系中有效融入 OBE 理念，高校在培育与提升学生体育核心素养的过程中，需着重关注以下几方面。

1. 构建"学生本位"的体育教学思维

过往的体育教学中，教师多持"学科主导"的观念，导致教学内容单一，难以点燃学生的参与热情，教学质量的提升遭遇瓶颈。基于 OBE 理念，教师应摒弃旧念，将学生视为体育教学的核心，确保每项教学活动均围绕学生展开，聚焦于学生在体育学习过程中所能获得的实际技能。

2. 推动师生角色调整

在新课改与 OBE 理念的共同作用下，建立高质量的"大体育"教学模式体系，需教师和学生共同调整角色定位。教师应由知识的灌输者转变为教学活动的引导者，而学生则需从被动接受知识的模式中解放，以积极、主动的态度投身于体育学习，成为课堂的真正主人。在教学实践中，教师可根据学生的体育技能层次，组织他们参与探究性学习、小组协作学习等多种形式的体育活动。同时，通过设立竞赛场景，吸引学生加入，激发他们的学习热情和潜能，让体育课堂充满生机与活力。

（二）构建模块化体育教学课程

目前，高校体育教学已经迈出了学生自主选课的重要步伐，其教学大纲广泛涵盖了道德教育、知识技能传授以及健康教育等多个方面。然而，各教学要素之间的关联性尚不够紧密，学生在体育学习过程中的系统性和连贯性有所欠缺，这对教学效果产生了一定影响。

体育课程作为体育教学成效的基石，应当受到高度重视，并需要不断完善其模块化课程设计，优化教学内容，为学生提供更为丰富的过程性学习体验，以解决传统体育教学过程中存在的种种问题。

高校在推进体育教学时，首要任务是明确教学目标，并据此完善和优化教学课程，确保课程能够紧密围绕既定的教学目标展开。同时，在构建课程体系时，应充分考虑运动技能、体育理论知识、运动体能等多个维度，打造出一个基于综合性项目的体育课程体系。此外，高校还需清晰界定体育教学的定位，不仅要确保学生的体质健康，还要助力他们掌握运动技能，鼓励他们参与各类体育竞赛活动。因此，在构建"大体育"教学体系的过程中，高校应当着重打造以竞技为核心的体育课程，形成模块化的课程体系，并建立起一套一体化的竞赛与评价体系，从根本上遵循OBE的理念来构建体育课程。

（三）构建协同育人的体育"大课堂"

体育课是体育教学实践的核心平台，但仅凭每周有限的课堂时间，难以充分助力学生掌握体育技能，也无法全面保障学生的身心健康。OBE教育理念强调构建探究式教学模式，鼓励教师摒弃传统的灌输式教学，激励学生深入探索和自主学习。同时，在时空维度上，课堂教学应当拓展至课外，让学生真正成为学习的主导者。

高校体育课程在实施过程中，有多种方式可以实现课堂向课外的拓展，比如组织课外体育竞赛、校园跑步活动、体育社团等，这些课外活动都能有效提升学生的体育技能、培养健康习惯及体育精神。因此，教师应根据学生的体育学习能力和个人发展需求，精心设计多样化的课外体育活动，构建以课外活动为基础的"大课堂"。

在时间拓展方面，高校应重视课外学习环节，引导学生积极参与体育课外学习与训练，实现由课堂向课后乃至日常生活的延伸，让学生接触更丰富的体育知识。在空间拓展方面，高校体育教学不应局限于课堂

第六章　OBE 教育理念下的高校体育教学改革研究

之内,而应积极向校园和社会拓展,将社会、家庭与学校三者紧密融合,构建协同育人的"大课堂",从而发挥更大的教育效能,促进学生的健康成长。[①]

此外,高校开展体育教学时应注重信息化技术的应用,将线上与线下教育方法相结合,拓宽学生接受体育知识的视野。尤其是在重难点体育知识教学时,教师应更加注重信息技术的应用,努力将 OBE 理念与体育课程相结合,实现体育课堂教学的产出效果,进一步优化体育课程体系。

---

① 任增辉.基于 OBE 理念的体育教学模式体系的构建[J].冰雪体育创新研究,2022(6):110.

第七章 "互联网+教育"理念下的高校体育教学改革研究

"互联网+教育"理念旨在将网络技术融入传统教育框架,借助网络的便利性、交互特性和数据深度分析能力,对教育的内容、方式、工具及模式实施革新与进步。网络的普及使得学习变得无时不在、无处不在,通过网络平台,教育者能更灵活地管理课程安排、分享教学资源、分配任务和开展在线答疑,同时,运用在线测验、数据分析等工具,教师可以更精确地评估学生的学习成效,据此灵活调整教学策略,提升教学质量。而学生则能随时随地获取学习材料,实现灵活自学,并促进其自我管理能力和自我驱动力的培养。"互联网+教育"理念引领下的高校体育教学革新,不仅可优化教学质量与效率,还能促进教育资源的均衡分配,强化学生的综合素养,为未来社会培育出更多具有创新思维与实践技能的杰出人才。

第一节 "互联网+教育"的阐释

一、"互联网+"

2012年,"互联网+"的概念在第五届移动互联网博览会上由于杨先生提出,"互联网+"最初属于经济学领域所探讨的新概念。

新时代的互联网代表了一种新形态和新业态。"互联网+"主要指的是以大数据等为代表的信息技术,而其中的"+"则象征着互联网与各行各业的深度融合,旨在利用互联网的便捷性为线下行业提供服务。

第七章 "互联网+教育"理念下的高校体育教学改革研究

"互联网+"概念通过网络与技术的革新催生出新型业务形态与行业模式,借助云计算、大数据,及人工智能等关键的技术基石,互联网技术能够无缝融入各行各业。

由于互联网的广泛应用,互联网技术渗透到各个领域,促进各个领域进入并呈现出新的发展业态,如"互联网+旅游"为人们提供了更加便捷和丰富的旅游体验;"互联网+医疗"涵盖了远程医疗会诊、远程手术等新型医疗服务;"互联网+金融"则让人们能够更方便地进行股票基金交易等金融活动;"互联网+教育"在疫情期间实现了"停课不停学"的目标,如线上教学等。这些都是"互联网+"中的广泛应用。

二、"互联网+教育"

在我国学术界,关于"互联网+教育"并没有明确和统一的概念描述,但学术界普遍存在这样的共识,即"互联网+教育"强调互联网应服务于教育事业,而非教育事业去迁就互联网。

从互联网的本质与教育核心价值出发,"互联网+教育"并非传统教育的对立面,也并非仅限于"线上授课"这单一层面,而是借助现代信息技术运作的新型教育模式,即电子化信息时代的教育方式。该模式强调以学生为中心,促进教育者、学习者及学校间通过现代信息技术进行交流,在结合互联网和教育的长处的基础上,以提升教育质量。诸如"网络+课程内容""网络+教学效果评估"等,都是"互联网+教育"的多样化呈现,教育体系在互联网的助力下,变得更加精细和高效。[1]

传统教育模式是老师与学生在教室里直接面对面教学,而"互联网+教育"则是师生通过互联网平台相连,无论距离多远都能进行教学。这种连接不受时空限制,学生还能根据个人兴趣选择课程。这种新兴的教学模式体现了以学生为中心的教学理念。[2]

在"互联网+教育"的情境下,学生的学习途径变得多样化,只需一台智能手机或电脑,即可实现广泛的信息交流与知识获取,利用零散时间整合知识,促进理论与实践的结合。"互联网+教育"能够跨越时空

---

[1] 马小兵,陈真.高校体验式体育教学发展的困境与出路[J].体育研究与教育,2016(5):63-66.
[2] 陈宏超.互联网+"背景下陕西省高校体育教育专业教学开展状况研究[D].延安:延安大学,2021:12.

限制,打破传统教学的束缚,赋予学生更多自主学习权,更能彰显学生的主体地位,促进师生间的有效沟通与互动。①

第二节 "互联网+教育"理念下高校体育教学的反思与优化

一、"互联网+教育"理念下高校体育教学的反思

(一)"互联网+教育"理念下高校体育教学的重新定位

"互联网+"背景下的体育教学,要求教师依托互联网技术,明确高校体育课程改革的动力与发展路径,把握教学改革的核心,以提升教学质量和水平为目标。通过组织多样化的体育教学实践活动,激发学生的学习动力与兴趣。

高校体育教学内容丰富,教师应利用新技术,识别学生在体育活动中遇到的困难,坚持学生主体地位,给予积极肯定与鼓励,帮助学生在实践中将理论知识与实践应用相结合,深入理解体育课程与知识的逻辑。

(二)高校教师基于"互联网+教育"理念的教学反思

"互联网+"背景下的以学生为中心的教学模式,要求教师多角度把握体育教学与互联网的内在联系,借助互联网背景打破思维局限,融合学生的独立思考与创新能力,避免消极情绪,引导学生在教师的指导下积极参与体育活动,提升实践能力和身体素质。

教师的个人感悟、专业成长与不断学习对于教育至关重要。为了确保现代化教育观念和教学原则的有效运用和指导,教师须重视对教学实践活动的及时反思与有效总结,深入理解学生的个体差异,清晰把握体育教学活动的具体策略及要求。教师应从学生的视角出发思考和分析,

---

① 王莹.互联网+教育背景下高校体育教学发展的新思路[J].文体用品与科技,2020(7):104.

为学生提供必要的支持与帮助,唯有如此,方能让学生深刻认识体育学科的价值。

在高校体育教学实践中,教师还应积极落实新课程改革,注重教学环节间的逻辑联系,体现学生个性化发展需求,认识学生个体差异,调整教学策略与方向,确保学生在体育活动中获得成长,全面提升身体素质。

二、"互联网+教育"理念下高校体育教学的优化

(一)改进体育课堂教学,构建高效课堂

首先,高校体育教师应不断改进教学方法。例如,通过问卷调查、学生访谈等方式,基于这些宝贵信息,体育教师应灵活调整课程内容和教学方式,确保教学活动更加贴近学生的实际需求,从而提升体育教学的针对性和实效性,促进体育教学质量的全面提升。

其次,高校体育教师应将学生视为体育教学的核心,激发学生的自主学习热情。在此过程中,教师应保持与学生的积极沟通,为学生提供更多展现自我的机会,并重视对学生学习能力和学习成效的及时反馈。通过结合过程性评估和结构性评估,可以有效防止教学模式的呆板,从而全面提高学生的学习能力和水平。

最后,体育教师应充分利用互联网技术,丰富教学内容、创新教学模式。体育教师可以利用互联网资源,开展在线教学、远程辅导等新的教学模式,以满足学生的个性化学习需求。通过在线平台,学生可以随时随地学习体育知识和技能,提高学习效率和效果。教师也可以利用在线平台,及时解答学生的疑问,提供个性化的指导和帮助。

(二)依托信息技术发展,增强师生互动

在提升教学效果的过程中,师生间的有效交流起着至关重要的作用。为消除学生的消极情绪,拉近师生距离,教师应充分利用网络技术和科技发展的优势,加强与学生的互动,构建和谐的师生关系。在互联网技术迅猛发展的"互联网+"时代,信息化已成为核心和基础,极大地拉近了人与人之间的距离,使即时交流成为可能。

在高校体育教学中,为了让学生获得更多收获,教师需深入分析体

育知识和体育技能,加强两者间的联系,避免单一的讲解。同时,教师应紧跟科技发展步伐,充分利用科技手段进行教学。具体而言,首先,教师应重视师生交流,增加互动频次,鼓励学生分享个人信息。其次,教师应关注学生间的交流,利用互联网这一重要信息渠道,开展形式多样的信息技术教学。最后,对于学习基础较弱或积极性不高的学生,教师应及时沟通,引导他们主动参与学习实践,培养自主学习习惯。

通过主动参与和实践研究,学生能够掌握体育学习的精髓,提升个人身体素质,从而实现全面发展。

(三)尊重学生个性差异,坚持"以人为本"

"互联网+"时代背景下的师生互动与交流所涉及的内容变得日益复杂且多元化,教师应充分利用计算机及网络技术,深入理解和把握"以人为本"这一教育理念的核心内涵与实践策略。

首先,大学生作为互联网使用的主力,与互联网互动频繁,互联网在其生活与学习中占据重要地位,这促使他们的学习模式与手段发生了根本性变化。因此,在实施体育教学时,教师应加强与学生的沟通,重新审视教学内容与形式,更新传统的教学观念和模式,减少直接灌输,转而针对当前课堂存在的不足,营造开放、宽松的氛围,激发学生的参与热情,鼓励他们自由合作与自主探索。

其次,教师应尊重学生个体差异,关注学生的全面发展。教师应积极运用信息技术手段,如在线问卷、实时反馈系统等,来精准捕捉学生的学习需求和知识盲点。通过数据分析,教师可以更准确地了解每位学生的学习状况,从而设计出更具针对性的教学方案,提高师生互动的精准度和有效性。

再次,教师须积极关注学生的学习动态,不断更新教育教学观念,确保学生的核心地位得到彰显。在"互联网+"的新时代背景下,教师应积极利用体育教学的新模式,充分展现其独特优势。通过深入理解和应用这些新型教学手段,教师可以更有效地激发学生的体育兴趣,提升学生的参与度,从而进一步强化体育教学的效果,确保每位学生都能在体育学习中获得全面发展。

最后,教师还应注重培养学生的自主学习能力,鼓励他们利用互联网资源进行自主探究,培养他们的创新思维和问题解决能力,为他们的终身学习奠定坚实的基础。

(四)注重技术化教学与信息化教学的融合

高校体育教学应当致力于技术化教学与信息化教学的深度融合,精准把握这两种教学模式的关键点与挑战,严格要求学生,并鼓励他们参与多样化的实践活动,以满足学生个性化发展的需求。

根据相关研究结果显示,在实施体育教学实践时,不少高校遭遇了沟通障碍,导致师生间互动不畅,教学质量与水平有所下滑。针对这一问题,教师可以借助现代信息技术的力量,强化学生已掌握的体育知识,确保学生对体育有深入的理解。

(五)提高教师信息技术素养与教学水平

在"互联网+时代"的浪潮中,教师应当不断提升个人的信息技术能力,以更有效地贯彻高校体育教育的培养理念。

体育教育的改革与进步是一个逐步推进、长期持续的过程,不能急于求成。故而,教师需要致力于自身教学质量和水平的整体提高,深入理解"互联网+教育"的融合要求,从宏观视野出发,主动采用多样化的创新教学策略,旨在全面提升学生的学习能力和水平。

第三节 高校体育网络教学平台的开发设计

在当今数字化时代,高校体育网络教学平台的开发设计已成为教育领域的一大热点。这一复杂而多维的过程,不仅要求深入洞察教学需求,还需兼顾技术实现的可行性与用户体验的优越性。以下是对高校体育网络教学平台开发设计内容的全面剖析,实施方法及可供借鉴的优质平台的介绍。

一、高校体育网络教学平台开发设计思路

(一)平台需求分析

1. 明确目标用户群体

在着手开发之前,首要任务是精准识别目标用户群体,这包括但不限于学生、教师以及体育管理人员。他们各自的需求、偏好及行为习惯将是后续设计与开发的重要参考。

2. 深度挖掘用户需求

通过问卷调查、访谈等方式,全面收集并分析用户对教学内容、互动模式、评估体系等方面的具体需求。这有助于确保平台功能贴近用户实际,提升用户满意度。

3. 全面考量平台性能

在规划阶段,还需充分考虑平台的可扩展性、安全性及稳定性。可扩展性确保平台能随着用户规模的增长而平稳升级;安全性则是保护用户数据不受侵害的关键;稳定性则是保障平台持续、稳定运行的基础。

(二)平台功能规划

1. 完善视频教学功能

平台应支持体育教学视频的上传、存储与高效播放,为用户提供高质量的学习资源。

2. 建立实时互动机制

通过集成在线直播课程、实时问答系统及讨论区等功能,强化师生间的互动与交流,提升教学效果。

3. 搭建作业与考核体系

平台应能方便地布置作业、组织在线考试及进行成绩管理,为教学

第七章 "互联网+教育"理念下的高校体育教学改革研究

评估提供有力支持。

4. 打造资源共享平台

整合体育知识库、训练计划及动作分解等资源,形成丰富的资源库,供用户随时查阅与学习。

5. 构建用户管理系统

实现对学生、教师及管理员等不同角色的权限管理,确保平台运行的秩序与安全。

6. 提升数据分析能力

通过收集用户行为数据,运用数据分析技术,对教学效果进行精准评估,为平台优化提供科学依据。

(三)平台界面设计

1. 简洁直观的用户界面

界面设计应遵循简洁明了的原则,避免冗余信息干扰用户视线,确保用户能迅速找到所需功能。

2. 保障无障碍访问

注重无障碍设计,确保不同能力的用户都能轻松访问并使用平台,体现人文关怀。

3. 实施响应式设计

针对不同设备(如 PC、平板、手机)进行适配,确保平台在各种屏幕尺寸下都能呈现出良好的视觉效果与操作体验。

二、高校体育网络教学平台开发设计原则

在开发高校体育网络教学平台的过程中,必须深入考虑几个核心原则,以确保平台能够满足广大学生的实际需求,同时保持体育教学的本质特征。以下是对这些原则的详细阐述。

基于创新教育理念的高校体育教学改革研究

（一）以学生为本

高校体育教学的核心对象是广大学生，因此，在开发高校体育网络教学平台时，必须始终以学生为中心，深入了解他们的需求与期望。这要求不仅要明确高校体育教学的课程内容，还要深入理解高校学生的身心特点，包括他们的学习习惯、兴趣偏好以及身体条件等。在高校体育网络教学平台设计阶段，需要充分融入这些要素，从学生的学习角度出发，确保课程内容既符合体育教学的要求，又能满足学生多元化的学习需求。例如，可以通过问卷调查、访谈等方式，收集学生对体育课程的期望与建议，以此为基础进行课程内容的调整与优化。

（二）强调实践性

体育教学强调实践特性，故网络教学平台的设计需兼顾理论知识的丰富性与实践环节的设置。根据《全国普通高等学校体育课程教学指导纲要》中的课程目标要求，学生在体育课程结束后，应实现运动参与、技能掌握、身心健康及社会适应能力等多维度的发展。同时，高校提供的体育项目丰富多样，如长跑、篮球、排球、足球等，学生在项目选择上的需求也日趋多元。

因此，设计高校体育网络教学平台时，必须深入考虑体育教学的实践本质，规划多样化的教学内容，以满足不同学生的个性化学习需求。举例来说，可以运用虚拟现实技术，创设出逼真的体育场景，让学生在虚拟世界中进行实践锻炼，从而强化他们的运动技能和体验。

（三）注重交互性

交互性是高校体育网络教学平台的重要特征之一。在开发过程中，需要确保学生与教师、学生与学生以及人与网络系统之间能够实现有效的互动。这种互动不仅有助于提升学生的学习兴趣与参与度，还能为他们营造一个开放、包容的学习环境。例如，可以设置在线讨论区，鼓励学生与教师就课程内容进行实时交流；同时，还可以利用智能问答系统，为学生提供个性化的学习建议与指导。通过这些交互性设计，可以充分发挥高校体育网络教学平台的优势，提升教学效果。

第七章 "互联网+教育"理念下的高校体育教学改革研究

（四）遵循易操作性

在开发高校体育网络教学平台时，还需要注重操作的便捷性。这意味着课程界面应简洁明了，操作流程应简单易懂，以便学生能够快速掌握网络体育课程的特点与相关操作。为了避免频繁或过于复杂的操作影响到学生的实际应用效果，可以在设计过程中进行多次测试与调整，确保课程界面与操作流程的友好性。此外，还可以提供详细的使用指南与教程，帮助学生更好地掌握高校体育网络教学平台的操作方法。

三、高校体育网络教学平台开发设计方法

在开发高校体育网络教学平台时，需综合运用多种技术与方法，确保平台功能强大、性能稳定且易于维护。

首先，高校体育网络教学平台应强调以用户（学生、教师）为中心，通过快速迭代的方式，及时响应用户需求变化，不断优化产品体验。这意味着开发者需与用户保持紧密沟通，快速收集反馈，并迅速调整开发策略，确保平台能够持续满足用户需求。

其次，引入云计算和大数据等先进技术，对于提升平台的处理能力与分析能力至关重要。云计算技术为平台提供了强大的数据存储与计算能力，确保平台能够高效处理大量用户数据，支持大规模并发访问。而大数据技术则能够对用户行为进行深入分析，为开发者提供有价值的数据洞察，帮助优化平台功能，提升用户体验。

最后，在开发过程中，代码的可读性与可维护性同样不容忽视。这要求开发者在编写代码时，注重代码结构清晰、逻辑严谨，避免冗余与混乱。良好的代码可读性有助于团队成员之间的协作，降低沟通成本。同时，可维护性强的代码为后续的功能扩展与升级提供了便利，确保平台能够持续适应技术发展与用户需求的变化。

四、高校体育网络教学平台开发可借鉴的优质平台

随着信息技术的飞速发展，在线教育已成为教育领域的一大热门话题。它不仅打破了传统教育的时空限制，还以其灵活多样的教学方式吸

引了全球范围内的学习者。在众多在线教育平台中，Coursera、腾讯课堂和网易云课堂、keep 无疑是其中的佼佼者，它们各自以其独特的优势和特点，为全球学习者提供了丰富多样的学习资源。对于高校体育网络教学平台的构建而言，这些平台的成功经验和做法无疑具有重要的借鉴意义。

（一）Coursera：国际在线教育的典范

Coursera，作为全球知名的在线教育平台，自其成立以来，便以其丰富的课程资源和卓越的教学质量赢得了全球学习者的广泛赞誉。该平台不仅提供了涵盖自然科学、社会科学、人文艺术等多个领域的课程，还特别注重体育课程的建设与发展。其体育课程不仅内容丰富多样，涵盖了从基础体能训练到专业运动技能提升的多个方面，而且课程设计科学合理，注重理论与实践的结合，使学习者能够在轻松愉悦的氛围中掌握运动技能，提升身体素质。

在课程结构方面，Coursera 的体育课程采用了模块化设计，每个模块都围绕一个特定的运动技能或健康主题展开，通过循序渐进的教学方式，帮助学习者逐步掌握相关知识和技能。同时，平台还提供了丰富的互动环节，如在线讨论、作业提交、同伴互评等，使学习者能够在互动交流中深化对课程内容的理解，提升学习效果。

此外，Coursera 在功能布局和界面设计方面也值得借鉴。其平台界面简洁明了，功能布局合理，使学习者能够轻松找到所需资源，提高学习效率。同时，平台还提供了个性化学习路径推荐、学习进度跟踪等功能，使学习者能够根据自己的实际情况，制订个性化的学习计划，实现自我管理和自我提升。

对于高校体育网络教学平台的构建而言，Coursera 的成功经验无疑具有重要的启示意义。我们可以借鉴其课程设计的科学合理性和互动性强的特点，注重理论与实践的结合，丰富课程内容，提升教学效果。同时，还可以借鉴其平台界面的简洁明了和功能布局的合理性，优化用户体验，提高学习效率。

（二）腾讯课堂、网易云课堂：国内市场的佼佼者

在国内在线教育市场，腾讯课堂和网易云课堂无疑是其中的佼佼者。这两个平台不仅拥有庞大的用户群体和丰富的课程资源，还以其对

第七章 "互联网+教育"理念下的高校体育教学改革研究

国内市场特点与用户习惯的深入理解,提供了更加符合国内学习者需求的学习体验。

腾讯课堂作为腾讯公司旗下的在线教育平台,凭借其强大的品牌影响力和丰富的资源积累,吸引了大量学习者。其平台提供了涵盖 K12 教育、职业教育、兴趣培训等多个领域的课程,特别是体育课程方面,不仅涵盖了基础的体育知识和运动技能,还注重结合国内实际情况,推出了具有中国特色的体育课程。同时,平台还提供了直播授课、录播回放、在线互动等多种教学方式,使学习者能够根据自己的需求选择合适的学习方式,提高学习效率。

网易云课堂则以其优质的教学内容和良好的用户口碑赢得了广泛赞誉。其平台提供了涵盖 IT 技术、语言学习、职业技能等多个领域的课程,特别是在体育课程方面,注重结合现代人的生活方式和健康需求,推出了具有实用性和针对性的体育课程。同时,平台还提供了课程推荐、学习进度跟踪、学习成果展示等功能,使学习者能够更加方便地管理自己的学习进程,实现自我提升。

对于高校体育网络教学平台的构建而言,腾讯课堂和网易云课堂的成功经验同样具有重要的借鉴意义。高校可以借鉴它们对国内市场特点与用户习惯的深入理解,注重结合国内实际情况和学习者的需求,推出具有中国特色的体育课程。同时,还可以借鉴它们在教学方式、功能设计等方面的创新做法,优化平台功能布局和界面设计,提高用户体验和学习效果。

(三)Keep:健身应用的创新启示

虽然 Keep 主要定位为健身应用,但其社区互动功能及个性化训练计划的设计却对体育教学平台具有显著的参考价值。通过借鉴 Keep 的成功经验,可探索将社区互动元素融入体育教学平台,增强用户黏性;同时,利用大数据分析技术,为用户提供更加个性化的学习路径与训练计划,提升教学效果。

必须强调的是,高校体育网络教学平台的开发设计并非一蹴而就的过程,而是需要持续迭代与优化。在平台上线后,应密切关注用户反馈与使用情况,通过数据分析等手段及时发现并解决问题。同时,紧跟技术发展潮流,不断引入新技术、新功能,以满足用户日益增长的多样化需求。通过持续的努力与创新,确保平台能够始终保持领先地位,为高校体育教学与学习活动提供强有力的支持。

综上所述,高校体育网络教学平台的开发设计是一个涉及多方面因素的复杂过程,单凭高校自身难以完成,而是需要政府、社会、相关企业、高校的共同协作才能完成。

第四节　高校体育网络课程教学的开展

一、高校体育网络课程教学存在中的一些不足

随着互联网信息技术的迅猛发展,高校体育网络课程已成为教育领域的一大创新实践。然而,这一新兴教学模式在推广和应用过程中,也暴露出了诸多现实问题。

（一）教师的网络教学能力有限

在高校体育网络课程的实施过程中,体育教师的网络教学能力成为制约其发展的关键因素。

其一,部分体育教师在使用线上教学设备时显得力不从心,由于技术操作的生疏,导致授课过程中频繁出现卡顿、操作失误等问题,这不仅影响了课程的流畅性,也降低了授课效率。

其二,网络教学模式相较于传统教学模式,更加强调师生互动和沟通。然而,体育教师由于缺乏网络教学经验,往往难以适应这种新型教学模式,无法及时有效地监督和指导学生的学习,使得学生的学习效果大打折扣。[1]

体育作为一门实践性极强的学科,师生互动是其不可或缺的一部分。然而,在网络教学中,由于技术限制和体育教师网络教学能力的不足,学生无法直观地领会教师的示范和讲解,导致其对课程内容的理解和接受程度受到影响。这不仅影响了学生的学习效果,也挫伤了其参与体育网络课程的积极性。

---

[1] 孙心基,朱雨.高校体育网络课程开展研究[J].青少年体育,2021（6）:93.

第七章 "互联网+教育"理念下的高校体育教学改革研究

(二)学生的网络课程参与度低迷

大学生作为体育网络课程的主体,其参与度和积极性对于课程的实施效果具有决定性影响。然而,在实际操作中,大学生参与体育网络课程的积极性普遍不高。

例如,无论在校期间还是假期居家期间,大学生都面临诸多诱惑和干扰,如文化课的学习压力、电视和电子产品的吸引等,这些都成为其拒绝参与体育网络课程的理由。

此外,大学生逃课、躲避体育课的现象也屡见不鲜。

(三)高校体育网络课程资源的局限性

在体育网络课程教学中,可供选择的网络平台和教学平台众多,这为师生提供了丰富的选择空间。然而,这种多样性也带来了新的问题。例如,由于注册人员复杂,其中不乏技术水平参差不齐的体育教师,这在一定程度上影响了学生的学习效果。此外,大学生使用的设备、网络信号的接收问题等也成为制约其参与体育网络课程的因素。

特别值得注意的是,我国不同地区、不同经济条件的学生在获取和使用网络资源方面也存在较大差异。部分农村地区由于基础设施落后,甚至不具备开展网络教学的条件。这种不均衡性导致体育教学进度难以统一,学生在学习中遇到的问题也各不相同。教师无法做到针对性教学,学生和教师在选择体育网络课程时存在盲目性和草率性,这进一步加剧了高校体育网络课程实施的难度。

总之,高校体育网络课程在实施过程中面临着体育教师网络教学能力不足、大学生参与度低迷以及课程资源多样性与不均衡性等多重问题。为了推动高校体育网络课程的健康发展,需要从提升教师网络教学能力、激发学生参与热情以及优化课程资源等方面入手,不断完善和改进这一新兴教学模式。

二、高校体育网络课程教学开展的对策

在信息化高速发展的今天,高校体育网络课程教学已成为提升大学生体育素养、促进身心健康的重要途径。然而,如何有效地开展这一新型教学模式,确保其既符合大学生的实际需求,又能充分发挥其教育价

值,是我们需要深入探讨的问题。以下主要从四个方面阐述当前高校体育网络课程教学开展的有效对策。

(一)提升兴趣,增加学生的体育参与度

在体育网络课程的教学实践中,大学生作为学习的主体,其学习兴趣与参与度直接影响到教学效果。因此,以大学生兴趣为导向,切实提高他们对体育网络课程的感兴趣程度,是提升教学质量的关键。

首先,体育教师和各大网络教学平台应充分了解大学生的兴趣点,根据他们的能力与兴趣,提供多样化的体育课程选择。这包括但不限于球类运动、健身操、瑜伽、武术等多种类型的体育课程,以满足不同大学生的个性化需求。

其次,要抓住大学生的兴趣点,通过创新的教学方式和丰富的教学内容,激发他们的学习热情。例如,可以引入游戏化的学习元素,将体育课程设计成有趣的游戏挑战,让大学生在参与中体验乐趣,从而培养他们的学习兴趣。

最后,积极采用更为灵活多变的教学方法,例如在线实时互动、视频详细解说、即时解答疑问等,使大学生能在轻松愉悦的环境中吸收体育网络课程的内容。这种做法将使体育网络课程成为大学生紧张学习生活中的一股清新力量,激发他们的学习热情,促使他们从被动接受转为主动求知,从被要求参与到积极投入,实现学习态度和效果的显著提升。

(二)提高能力,优化教师的网络教学效果

高校体育网络课程的实施,对体育教师的信息与技术能力提出了新挑战。现实中,部分体育教师信息与技术能力欠缺,影响了教学效果。因此,创新网络教学方法,提升教师教学能力,成为提高体育网络课程质量的关键。

学校应紧跟时代步伐,加强对体育教师的信息与技术培训,通过定期培训,提升他们的信息素养,使其能熟练运用高新技术优化教学。体育教师应主动学习现代化信息技术,创新教学方法,如利用虚拟现实技术模拟体育场景,增强学生参与感。同时,通过网络课程,将体育锻炼变得有趣,引导大学生养成锻炼习惯。

此外,体育教师应注重与学生的互动,了解学习情况和反馈,调整教学策略。这样,体育教师能不断提升教学能力,为学生提供更优质的教学服务。

（三）丰富内容，保证学生的全面发展

高校体育网络课程的内容安排，应当追求丰富多样，以确保大学生的全面发展。

首先，健康相关课程不可或缺。比如，如何科学安排一日三餐、运动中的风险规避技巧、运动损伤评估与恢复方法，以及如何通过体育锻炼调整心态、缓解压力等。这些课程都能有效弥补传统体育教学的不足，引导大学生正视自身不足，主动投身运动。

其次，针对大学生心理素质薄弱的问题，体育网络课程应融入现代技术，通过视频等形式，展示优秀运动员的成长历程、训练艰辛、比赛精彩瞬间等，用体育精神激励大学生，培养他们坚韧不拔、乐观向上的品质，同时强化规则意识、诚信观念等人生价值观。

最后，还可引入趣味性和挑战性兼备的体育项目，如极限运动、户外探险等，激发大学生的探索欲和好奇心，丰富他们的体育知识，提升身心素质，为全面发展奠定坚实基础。

第五节 "互联网+教育"理念下高校体育教学评价的革新

一、高校传统体育教学评价的不足

传统体育考评体系通常由专业体育教师构建，涵盖考核时限、项目及统一标准，学生要在规定时间内完成指定任务即视为达标。然而，此模式下，学生往往将考核视为单纯任务，对完成质量漠不关心，根源在于教师未能有效激发学生的自主性和热情，学生缺乏主体参与感，导致考评效果欠佳，成绩不尽如人意。

具体而言，传统体育评价存在以下不足。

（1）评价主体不明确。传统体育教学过度依赖图表等量化标准，忽视了学生在过程中的努力、心理变化、特长及兴趣等，妨碍了学生在体育技能与特长上的自主发展。

（2）评价过程忽视学生个体差异。现代化体育教学需设定科学、客观、无误差的目标,并针对学生的身心、社交特点制定多元化目标。而传统体育教学目标更侧重于操作便捷性,忽视了学生个体差异。

（3）评价过程易忽视过程性特征。传统体育教学评价存在定性化描述过多、定量评价偏重、忽视学生个性化发展等问题,且在不同教学环节中执行统一标准,缺乏引导性和学生自主性。这些问题导致评价结果难以令人信服,不符合现代化体育教学评价对结果客观、过程科学、学生全面发展等要求。

二、"互联网+教育"理念下高校体育教学评价的探索

在当前互联网+教育理念的浪潮下,学校传统的考评机制——以期末和期中考试为主导——正面临严峻挑战。这种单一、静态的评价方式已难以全面、深入地衡量学生的综合能力。考试成绩,作为衡量学生对当前知识点掌握程度的标尺,其局限性日益凸显,无法充分揭示学生的学习潜能和长远发展能力,进而成为学生全面发展的绊脚石。

随着互联网和信息技术的发展,现代化信息理念正深刻影响着体育教学评价。在高度信息化背景下,体育教学评价正借助智慧信息和网络科技,突破时空及传统面授教学限制,创造更多评价可能性。

"互联网+教育"理念下高校体育教学评价应体现表7-1所示特点。

表7-1 传统体育教学评价结合"互联网+"特点[①]

教学评价类型	教学评价特点
评价内容	学生能够利用线上的资源参与体育教学评价,确保师生体育教学评价的质量。
评价手段	由以往的教师面对面点评向多媒体手段转变,评价方式更加灵活、多样,评价效果大幅提高。
评价方式	随着校园网络现代化信息科技的不断发展,体育教学评价过程更加灵活、创新、多元化,促进了师生体育教学评价效果的最大化。

传统考试制度过于注重期末学习成果的总结性评价,却忽视了学习过程的连续性、动态性和个性化,无法真实、全面地反映学生的学习

---

① 苏建菲."互联网+教育"环境下体育教学评价形式的发展应用研究[D].广州:广州体育学院,2020:22.

第七章 "互联网+教育"理念下的高校体育教学改革研究

轨迹和成长历程。这种"一刀切"的评价机制,未能充分尊重学生的主体地位,导致考试的评价和激励作用大打折扣。同时,考试成绩作为学生学习过程反馈的单一来源,其反馈作用有限,难以有效激发学生的内在学习动力,更难以全面培养学生的创新思维、批判性思维和团队协作能力。

面对这一现状,高校教学课堂亟须转型升级,以适应互联网+教育的新时代要求。仅靠教育者的言传身教和有限的知识更新速度,已无法满足社会对多元化、复合型人才的需求。因此,我们必须积极拓展学生学习内容的深度和广度,利用互联网资源,打造更加丰富、多元的学习环境。同时,创新学习方式,如在线学习、翻转课堂、项目式学习等,使考核机制成为一个教育者与受教育者双向互动、共同成长的过程。

三、"互联网+教育"理念下高校体育教学评价形式

(一)在线体育教学评价

在"互联网+教育"理念的引领下,教师们正积极利用学习平台的在线组卷系统,对学生体育学习情况进行实时监测,以便精准掌握学生的评价结果。为了更有效地开展学情反馈和教学评价,教师们需创造性地运用多种手段,坚持全体与个体相结合的原则,充分发挥学习平台的功能优势。

例如,新冠肺炎疫情期间,各高校普遍采用线上课堂的形式开展体育教学,对学生的学习过程和结果的评价以线上评价为主。这些成功经验给"互联网+教育"理念下高校体育教学评价形式的探索提供了许多启发。

在线体育教学评价主要有如下几种常见方式。

(1)采用连麦形式进行视频互动答题是一种高效的教学策略。通过随机或指定学生连麦参与答题,教师能够即时检验学生对知识点的掌握情况,这种即时的反馈不仅有助于教师了解教学效果,还能激发学生的参与热情,使课堂更加生动有趣。此外,连麦互动还能增强学生的自信心和表达能力,为他们提供一个展示自我、交流思想的平台。

(2)建立作业与"课堂小测"展示群,是提升学生学习动力的又一妙招。每天,教师可以在群内展示学生的作业和课堂小测成果,并进行

全体或个体的语音评价。这种公开透明的评价方式,能够让学生及时了解到自己的学习状况,明确自己的优点与不足。同时,教师的鼓励与肯定也能极大地激发学生的学习动力,促进他们更加积极地投入学习。此外,展示群还能为学生提供相互学习的良好学习氛围。

(3)利用教学平台的涂鸦功能进行教学评价,也是一种值得推广的做法。教师可以在学生的作业图片上直接打等级、计分数或进行文字评价,这种直观、具体的评价方式能够让学生更加清晰地认识到自己的进步与不足。而平台的留言功能则可以被巧妙地用来设计一些能够反映学生学习效度的问题。课后,学生可以单独将答案发给教师,这样既能保护学生的隐私,又能让教师更全面地了解学生的学习情况,为后续的教学调整提供依据。

(4)通过腾讯会议进行教学评价。借助腾讯会议的课上打卡、直播及语音通话进行评价。如体育教师在直播授课时,针对关键动作演示环节进行录屏,以便学生在课后复习和练习时有所参照。同时,通过直播屏幕,教师能实时观察每位学生的课堂表现,及时发现并纠正学习进度滞后或动作不规范的学生。

(5)通过微信群进行教学评价。在班级微信群中,体育教师可以布置课余练习任务,学生需提交视频作业以供检查。此外,为督促学生坚持练习,提升技能水平,教师还可要求学生每周通过微信群提交一个包含其每日练习内容的视频,以此作为平时成绩的一部分。

总之,在线体育教学评价灵活多样,不仅适应了现代学生的学习习惯,也极大地提高了教学评价的效率和质量。在具体操作过程中,在线体育教学评价在 PC 终端、移动终端均可实现。

(二)PC 终端体育教学评价

在"互联网+教育"理念的推动下,PC 端网上体育教学评价成为现代互联网技术与教学评价深度融合的产物,为师生带来了前所未有的便捷,也引领了教学评价方式的深刻变革。这一创新模式充分利用了互联网的优势,使得体育教学评价更加高效、灵活。

如图 7-1 所示,PC 端网上体育教学评价的具体流程展示了从评价任务发布到结果反馈的全过程,不仅优化了评价流程,还提升了评价的准确性和及时性,为体育教学质量的提升注入了新的活力。这一模式的出现,标志着体育教学评价正逐步迈向智能化、个性化的新时代。

第七章 "互联网+教育"理念下的高校体育教学改革研究

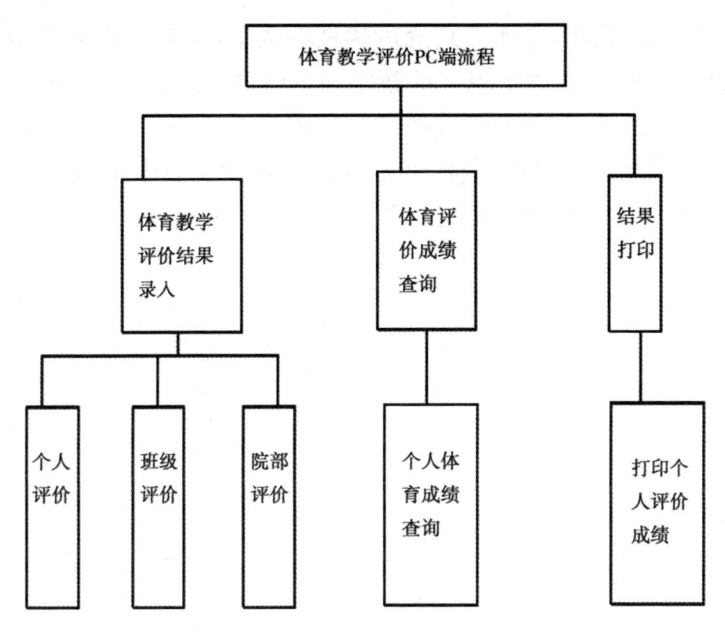

图 7-1 高校体育教学评价 PC 端流程

（三）利用手机 APP 进行体育教学评价

当前时期，鉴于高校学生普遍配备智能手机，运动类应用程序已成为高校体育教学的有利辅助工具。这些应用程序的实际运用不仅促进了高校体育教学模式的革新进步，还极大提高了体育教学的品质。这一做法顺应了信息时代的发展潮流，满足了学生身心成长的需求，将在构建校园体育文化中扮演关键角色。

在信息化快速发展的当今时代，高校校园内手机应用程序的使用日益频繁且高效。特别是在教学评价方面，手机应用程序的使用率逐年上升，如浙江大学的"跑距 APP"，苏州大学的"教学互动与评价 APP"，中国矿业大学的"教学评价"等。[1]

当前，利用手机 APP 进行体育教学评价时，体育教师可通过 APP 直接记录学生成绩，再下载完整的成绩表格导入网站，既省略了烦琐的笔记和电脑录入步骤，又避免了格式错误导致的导入问题，使用起来极为便捷。

---

[1] 苏建菲."互联网+教育"环境下体育教学评价形式的发展应用研究[D].广州：广州体育学院，2020：45.

随着"互联网+教育"理念的逐渐深入人心,高校必须紧跟"互联网+教育"的步伐,改革现有的教学评价内容、方式、机制,增加评价的多样性和全面性,充分利用互联网资源和技术优势,为学生的未来发展奠定坚实的基础。只有这样,我们才能确保学生在未来的学习和工作中,具备足够的竞争力和适应能力,成为新时代的栋梁之材。

参考文献

[1] 冯伟. 现代体育教学多元理论与实施路径研究 [M]. 长春：吉林大学出版社，2020.

[2] 蒿彬. 现代体育教学多元理论与实施路径研究 [M]. 北京：中国书籍出版社，2020.

[3] 李响. 高校体育教学训练水平提升策略与实证 [M]. 北京：北京燕山出版社，2021.

[4] 万海波，李恒，王茹. 高校体育与学生发展核心素养研究 [M]. 北京：人民日报出版社，2022.

[5] 徐金庆，高洪杰. 全民健身的实用路径及保障体系构建 [M]. 北京：中国书籍出版社，2020.

[6] 周春娟. 高校体育教学的影响因素分析与改革探索 [M]. 青岛：中国海洋大学出版社，2018.

[7] 白新蕾. 核心素养视阈下高校体育教学内容之审视与调整 [J]. 武术研究，2023，8（4）：131-134.

[8] 包呼和. 以人为本的教育理念在高校体育教学中实践探析 [J]. 体育世界(学术版)，2019（5）：137+145.

[9] 鲍善柱. 浅析高校体育教师业务能力锻炼和提高途径 [J]. 科技信息(学术研究)，2007（36）：598+600.

[10] 陈宏超. "互联网+"背景下陕西省高校体育教育专业教学开展状况研究 [D]. 延安：延安大学，2021.

[11] 陈金祥. 普通高校体育教学中的德育渗透途径与方法 [J]. 新西部(理论版)，2012（4）：157+151.

[12] 陈露露. 高校公共体育课程思政体系建设研究 [D]. 武汉：长江大学，2024.

[13] 程欣泉，郭丽丽，代斌. 基于 OBE 教育理念下大学体育课程的

反思与重构[J].滁州学院学报,2021,23(5):104-108.

[14]张荣."课程思政"背景下高校体育教学现状及改革路径探索[A].陕西省体育科学学会,陕西省学生体育协会.第二届陕西省体育科学大会论文摘要集(专题七)[C].陕西能源职业技术学院,2024:5.

[15]李壮壮.全媒体背景下高校体育课程思政建设的内涵特征、推行趋向及创新路径研究[A].中国体育科学学会.第十二届全国体育科学大会论文摘要汇编——墙报交流(学校体育分会)[C].武汉体育学院,2022:2.

[16]李敏,田世界.体教融合视域下学校与体育俱乐部联动协同治理体系研究[A].中国体育科学学会.第十三届全国体育科学大会论文摘要集——专题报告(体育管理分会)[C].河南大学体育学院,2023:3.

[17]董晓琪,陈绍卓.高校体育教学现状分析及课程改革思路研究[J].当代体育科技,2019,9(11):1+3.

[18]段坤.高校体育教学中渗透德育教育方法的思考[J].当代体育科技,2019,9(23):135-136.

[19]高翔.核心素养视域下高校青年体育教师专业发展的困境及其突破[D].长沙:湖南师范大学,2021.

[20]何林贵.OBE教育理念视域下高校教学改革路径探析[J].教育教学论坛,2024(21):69-72.

[21]胡俭云,谭玉芳,曾白琳,等.高校体育教学的现状分析和课程改革思路[J].安徽体育科技,2009,30(3):95-97.

[22]黄海涛.美国高等教育中的"学生学习成果评估":内涵与特征[J].高等教育研究,2010,31(7):97-104.

[23]黄丽秋.终身体育思想的形成及教学引领研究[D].长沙:湖南师范大学,2014:25.

[24]季浏.中国健康体育课程模式的思考与构建[J].北京体育大学学报,2015,38(9):72-80.

[25]江凯.师范专业公共足球课程思政元素融入的研究[D].沈阳:沈阳师范大学,2023.

[26]教育部关于印发《全国普通高等学校体育课程教学指导纲要》的通知 - 中华人民共和国教育部政府门户网站[EB/OL].http://www.moe.gov.cn/s78/A17/twys_left/moe_938/moe_792/s3273/201001/t20100128_80824.html.

[27] 康娜娜.新中国成立以后我国学校体育思想的嬗变及其发展研究[D].徐州：中国矿业大学,2014.

[28] 赖荣亮.核心素养视界下的高校体育教师专业发展路径探究[J].体育科技文献通报,2020,28（3）：70-73.

[29] 李官强.高校体育教学网络课程的设计与开发农家参谋[J].农家参谋,2018（22）：134+113.

[30] 李华,李寒梅,孙福财.基于OBE教育理念的高校智慧体育教学模式构建研究[J].体育师友,2023,46（1）：1-4

[31] 李璟明.终身体育理念下高校体育教学改革探析[J].当代体育科技,2019,9（26）：3.

[32] 李志义.适应认证要求推进工程教育教学改革[J].中国大学教学,2014,29（6）：9-16.

[33] 林顺英.论普通高校体育教育本科专业教学质量保障[D].福州：福建师范大学,2008.

[34] 林仪煌.高校体育教师应具备的业务能力[J].上海体育学院学报,2000（S1）：125+129.

[35] 刘德兵,王凤娟.终身体育理念下高校体育教学研究[J].冰雪体育创新研究,2024,5（4）：39-41.

[36] 刘全.核心素养视角下高校体育教学改革路径探析[J].体育风尚,2023（1）：122-123.

[37] 刘艳妮,赵犇,熊文.我国体育学科核心素养的概念论争及实践检视[J].体育学研究,2023,37（6）：81-90.

[38] 刘赟.基于"赛教融合"模式的高校公共体育课程教学改革与探索[J].拳击与格斗,2024（13）：106-108.

[39] 刘志刚.体育核心素养视域下高校体育教学的优化策略研究[J].拳击与格斗,2023（4）：52-54.

[40] 鲁萌.体教融合背景下高校体育课内外一体化教学策略研究[J].吉林农业科技学院学报.2023,32（3）：116-120.

[41] 马津瑾.OBE教育理念对高校课堂教学改革的启示[J].郑州师范教育,2022,11（3）：21-23.

[42] 马小兵,陈真.高校体验式体育教学发展的困境与出路[J].体育研究与教育,2016,（5）：63-66.

[43] 彭江.高等教育"学生学习成果"范式探析[J].重庆高教研究,

2016,4（1）：88-95.

[44] 彭文，刘俊民，黄建军.体教融合背景下高校课余体育训练的发展研究[J].健与美，2024（8）：123-125.

[45] 乔宇，曹春顺.高校体育课程"赛教融合"教学模式研究[J].吉林农业科技学院学报，2022,31（6）：90-93.

[46] 秦洁琼.高校体育教学现状及改革的几点建议[J].佳木斯职业学院学报，2016（4）：334-335.

[47] 卿凯丽.体教融合背景下高等院校体育社团提升大学生素质的策略研究[J].高教学刊，2022,8（14）：42-45.

[48] 任增辉.基于OBE理念的体育教学模式体系的构建[J].冰雪体育创新研究，2022（6）：108-110.

[49] 宋超.高校体育教学中"健康第一"理念的实施探析[J].当代体育科技，2022,12（3）：77-79.

[50] 苏建菲."互联网+教育"环境下体育教学评价形式的发展应用研究[D].广州：广州体育学院，2020.

[51] 孙心基，朱雨.高校体育网络课程开展研究[J].青少年体育，2021（6）：93-94.

[52] 孙长顺."课程思政"视域下的高校体育教学改革探索[J].才智，2024（3）：89-92.

[53] 谭欣怡，余振东.高校体育教学中培养学生核心素养研究[J].健与美，2023（12）：120-122.

[54] 王海娟."健康第一"指导思想在学校体育教学中的实施策略[J].现代交际，2018（20）：138-139.

[55] 王佳，杨红芳.体教融合背景下学校体育和社会体育俱乐部融合发展分析[J].武术研究，2023,8（4）：154-156.

[56] 王晓林，周玉成，敖灿，等.OBE教育理念下高校体育课程思政教学评价体系创新构建与应用研究[J].体育科技文献通报，2024,32（9）：214-217.

[57] 王莹.互联网+教育背景下高校体育教学发展的新思路[J].文体用品与科技，2020（7）：104-105.

[58] 徐典，李娜，向慧媛，等.教学诊断视阈下高校体育教师专业能力发展探究[J].体育世界：学术版，2019（1）：185-186.

[59] 尹璐."核心素养"理念下高校体育课程教学改革探讨[J].现

代职业教育,2022（44）:111-113.

[60] 张春华,张纪林,陈智明.高校体育教师的业务能力分析及培养[J].河北建筑科技学院学报(社科版),2004（1）:71-72.

[61] 张红峰.高等教育中成果为本教育模式的反思与重构[J].复旦教育论坛,2017,15（4）:69-75.

[62] 张坤.体育教学过程中以人为本教育理念与体现的分析[J].运动,2018（2）:83.

[63] 张磊.基于核心素养下的高校体育教学设计体育世界(学术版)[J].2019（9）:127+129.

[64] 张利萍,李彬,刘倩.当代大学生心理健康素养特点及影响因素分析[J].高教学刊,2024（20）:115-118

[65] 张洋,张泽一,魏军.高校体育课程思政：育人特性、实践样态与行动方略[J].体育文化导刊,2022（3）:104-110.

[66] 赵富学,黄桂昇,李程示英,等."立德树人"视域下体育课程思政建设的学理释析及践行诉求[J].体育学研究,2020,34（5）:48-54.

[67] 郑军.高校体育教学现状及改革建议分析[J].吉林农业科技学院学报.2017,26（4）:118-121.

[68] 郑珊,林洪,李美慧.我国优秀女子运动员彭旭玮200米仰泳的比赛技术分析[J].体育世界：学术版,2019（1）:167-168.

[69] 钟珉.体教融合视角下高校体育教学效应与机理研究[J].青少年体育,2022（11）:103-105.

[70] 周云正.构建"以人为本"的现代体育教育的改革方向思考[J].教育现代化,2018（3）:70.

[71] 朱君.对高校体育教学现状与发展的探究[J].科教导刊,2012（35）:214+227.